我在乌克兰基辅迪纳摩开启了职业生涯，1997/1998 赛季欧冠对阵巴塞罗那，我在诺坎普上演了帽子戏法，那时我才 21 岁。

我在基辅的家中。

我站在米兰大教堂前。

我从基辅迪纳摩转会后，身着 AC 米兰的新队服站在圣西罗球场。

2002/2003 年欧冠决赛，点球大战中，我打进了制胜一球。

我们是欧冠冠军！我与迪达庆祝胜利。

我把欧冠冠军奖杯带回了乌克兰，放在了洛巴诺夫斯基雕像旁边。

我赢得了金球奖！

我与圣西罗的球迷分享这一荣耀时刻。

2004年“世界足球先生”评选中，我排在第3位。

我荣获了2005年“金足奖”。

2004/2005 赛季欧冠 1/4 决赛，我的进球帮助 AC 米兰 2 比 0 击败国际米兰。

米兰德比永远都是一场真正的战斗！进球后，我激情庆祝。

我与卡卡庆祝进球。

卡卡加盟的第一个赛季，我们就夺得了意甲冠军。

伊斯坦布尔之夜如同噩梦一般，杜德克扑出我的点球，这完全是我的问题。

我掩面而泣，痛苦至极。

保罗·马尔蒂尼——他是世界上最纯粹的“AC 米兰人”。

安切洛蒂是一个优秀的教练，更是一个领袖。

我和贝克汉姆、卡卡在训练场上，贝克汉姆具有极致的职业精神。

2009 年迪拜足球挑战赛，AC 米兰对阵汉堡的赛前合影。

世界杯是我整个职业生涯的梦想，我终于实现了这个梦想。

我们是 2006 年世界杯八强！

虽然经历了短暂的伤病，我还是获得了参加 2012 年欧洲杯的名额，这可是在家门口举行的欧洲杯。

对阵英格兰的比赛中，我在下半场登场，最终，我们还是遗憾出局。

退役后，我担任了乌克兰国家队主帅一职。

我和马尔蒂尼重回 AC 米兰训练场，观看球队备战联赛。

除了足球，高尔夫也是我喜欢的一项运动。

我和妻子克里斯汀出席阿玛尼的活动，并与乔治·阿玛尼合影。

FORZA GENTILE

La mia vita, il mio calcio

从基辅到圣西罗

舍甫琴科自传

[乌克兰] 安德烈·舍甫琴科
[意] 亚历山德罗·阿尔恰托 著
小五 / 沈天浩 译

金城出版社
GOLD WALL PRESS
西苑出版社
XIYUAN PUBLISHING HOUSE

中国 · 北京

图书在版编目（CIP）数据

舍甫琴科自传 ： 从基辅到圣西罗 / （乌克兰）安德烈·舍甫琴科，（意）亚历山德罗·阿尔恰托著 ； 小五，沈天浩译. -- 北京 ： 金城出版社有限公司，2025. 8.

ISBN 978-7-5155-2685-0

Ⅰ. K835.113.547

中国国家版本馆CIP数据核字第202447RE20号

舍甫琴科自传：从基辅到圣西罗

作　　者　[乌克兰] 安德烈 · 舍甫琴科　[意] 亚历山德罗 · 阿尔恰托

译　　者　小五　沈天浩

责任编辑　张纯宏

责任校对　李凯丽

责任印制　李仕杰

开　　本　710毫米×1000毫米　1/16

印　　张　14.5

字　　数　194千字

版　　次　2025年8月第1版

印　　次　2025年8月第1次印刷

印　　刷　鑫艺佳利（天津）印刷有限公司

书　　号　ISBN 978-7-5155-2685-0

定　　价　78.00元

出版发行　金城出版社有限公司
西苑出版社有限公司　北京市朝阳区利泽东二路3号　邮编：100102

发 行 部　（010）84254364

编 辑 部　（010）64391966

总 编 室　（010）64228516

网　　址　http://www.jccb.com.cn

电子邮箱　jinchengchuban@163.com

法律顾问　北京植德律师事务所　18911105819

推荐序一

舍甫琴科：真实而洁净的斯拉夫灵魂

文／兹沃尼米尔·博班

克罗地亚前国脚、AC 米兰传奇球星

书写安德烈·舍甫琴科的故事，对我来说很容易，我只需要让斯拉夫灵魂以其原始而甜蜜的方式释放出来。当我想起舍甫琴科，我想到的是一个队友、一个兄弟、一个姓氏——那是乌克兰的重要姓氏。在这片孕育了红黑巨星的辉煌土地上，塔拉斯·舍甫琴科被誉为诗人中的诗人、父亲中的父亲。

我们很容易将诗人舍甫琴科和球员舍甫琴科进行类比，他们的作品之间存在一种联系：他们充满现代精神，领先于自己工作和生活的时代；他们的风格极其实际，却同时充盈着爱心和品格，洋溢着绝对的激情！通常来说，你很难在其间找到平衡，但安德烈的足球艺术和塔拉斯的质朴精神，辉耀了他们甜蜜的、长满金色麦穗的土地。

在萨格勒布，有一座诗人舍甫琴科的小纪念碑；在我的灵魂中，有一座安德烈·舍甫琴科的纪念碑。

我第一次见到舍瓦（安德烈·舍甫琴科的昵称），恰好也是在萨格勒布。那是1998年世界杯预选赛克罗地亚队和乌克兰队的附加赛。他在比赛最后20分钟替补登场，在右路给我们制造了一些麻烦，但我们还是以2比0获胜。可来到次回合，他把我们的防线撕成了碎片，在20分钟内打进两球，幸运的是当时还没有VAR（视频助理裁判），他的第二个进球被误判取消了。最终，我们挺进了世界杯正赛，并在这个小国参加的第一届世界杯上获得了季军。

然而，那天晚上给我留下了深刻的印象，因为我见到了一个标准之外、超乎常人的球员。

他在场上不可阻挡，似乎能挂到五档甚至六档，可球却总是不离脚下。他在加速前用奇怪的节奏在场上徘徊，盘带的方式直接而自然，进球来得如此轻而易举，就像他随后的整个生涯一样。他有着野兽般的体格和狙击手的精准，轻盈的技术动作只属于那些在尘土飞扬中长大的天才。那天晚上，我们在更衣室里谈论了很多关于他的事情。我们的教练说道："在布洛欣之后，他们又出了一个……"

那之后，舍瓦来到了我们身边，来到了我们深爱的米兰。我和他的关系很亲密，就像兄弟一样。来到新环境中，特别是来到意大利，每个人都需要一个引路人，为自己适应复杂的意大利足球环境提供建议。优秀的教养、职业精神和纯真的面庞，让他赢得了我们所有人的青睐。

一开始，他遇到过一些问题，更热爱跑动而不是进球。很快，他就学会了做自己最擅长的事情：扮演门前杀手，扮演真正的"核弹头"。在这个角色上，他一做就是许多年，而这种持续性是斯拉夫人通常不具备的。即使偶尔在某场比赛中消失几分钟，只要球晃到他这边来，他就能在瞬间得分。只要找到防线的一个裂隙，他就能马上冲刺，射门——用右脚、左脚和头部——舍瓦能用一切方式进球。

我不喜欢在切尔西辗转后归来的那个舍瓦，我知道回到米兰不是一个好主意。可这终究无损他的威名，因为他此前的生涯足够辉煌，令人难忘。

在职业生涯结束后，安德烈经历了精神上的疏离，就像我们所有球员都经历过的一样。此前经历的种种，让男孩安德烈成长为一个真正的男人。他有自己的美国妻子和四个孩子，建立了一个美好的家庭，成了一位优秀的丈夫和父亲。他拾起了教鞭，执教乌克兰队，成为一名真正的教练。

而他无须特意成为的，是那个内在的斯拉夫灵魂，因为他一直都是，并且永远会是这样：真实而洁净，就像无垠的金色田野。

回头再看，我必须纠正这篇文字的第一段话：在我的生活中，很多队友都留下了自己的印迹，他们中的很多人是我的朋友，少数人是我的兄弟 —— 可舍瓦不属于以上任何一种。当我想起他，我想到的是生活本身，我想到的是我们的时代，我想到的是我的舍瓦。

推荐序二

无法用某种进球方式定义的舍瓦

文 / 保罗 · 马尔蒂尼
意大利前国脚、AC 米兰传奇球星

壁炉厅是我们习惯的聚会地点，是米兰内洛所有脉络汇聚的地方，是西尔维奥 · 贝卢斯科尼时不时过来弹钢琴的场所，是 AC 米兰体育中心的心脏。

1997 年 11 月 5 日，很多球员都聚集在那里，包括我。我们坐在沙发上看电视，在聊天中等待。我们等待的是一场欧冠比赛：巴塞罗那对阵基辅迪纳摩。我们等待看到一位年轻的前锋，据说他迟早会加盟 AC 米兰。我们等待的是安德烈 · 舍甫琴科。

进球，进球，进球。上半场结束时，他已经上演帽子戏法，在诺坎普。他正在蹂躏世界足球的圣殿。有人关掉了电视，收起了遥控器，我们无须再看剩下的 45 分钟。晚安，伙计们，祝你们好梦。

舍瓦将成为我们中的一员，舍瓦需要成为我们中的一员。实际上，当他刚刚加盟 AC 米兰时，看起来与周遭环境格格不入，至少在最初几

周是这样 —— 他来自与我们不同的文化。比如说，吃完午饭后，他马上起身想回到自己的房间，我们向他解释道，在一家意大利俱乐部，这样做是行不通的：只有在最后一名球员吃完饭后，大家才一起离席。他习惯了更多的独立性和更少的分享欲，而我们时不时地跟他恶作剧：我们突然一齐从餐桌上起身，他也跟着跳起来要走（他总是有一堆事情要做 ……），可实际上一些队友还没有吃完饭。

“安德烈，坐下来 ……”

他很生气，他不喜欢被人取笑。

在球场上，他抱怨我们的训练只有 1 小时 20 分钟，因为他在洛巴诺夫斯基麾下已经习惯了长达 3 小时的训练；与此同时，我们也会抱怨，他在 1 小时 20 分钟的时间里没有全速行进。由于他习惯了更持久的训练课，因此他的训练方式更像是进行耐力测试，而不是冲刺。我曾经问他：“为什么你抱怨我们的工作量太少，自己却不付出 100% 的努力？”在基辅，他需要生存来避免死亡；在米兰，他必须立即开满火力，瞄准胜利。他理解了，并且适应得很快，这说明他非常聪明。他汲取了我们的精神力，后面的故事众人皆知 —— 胜利与荣耀纷至沓来。

他讨厌失败，无论是在欧冠决赛场上，还是在和队友八岁的儿子打乒乓球时。对他来说，面前是男人还是孩子没有区别，只要关乎胜败，他看到的就只有对手。他不会区别对待，也不会手下留情。足球之神将一些伟大球员派到世间，但任何人无法与舍瓦进行比较，他的存在方式、踢球方式、足球直觉和比赛态度，让他变得独一无二。

如果有人问我舍瓦如何进球，我建议他们先找个舒服的位置坐下，留出一些时间，因为答案很长：他用右脚、左脚与头球进球，在凌空抽射与抢射中进球，靠速度与狡猾进球，用脚后跟和脚尖进球，他在进球前的行进中突然变向，让你措手不及。你无法用某种进球方式定义他，舍瓦就是舍瓦，之后才是其他人。

一天晚上，我待在家里，电视上正在播放他在 AC 米兰期间的进球集锦。我想：好吧，那我就看几个他的进球，然后就换频道，毕竟这些画面都已经无比熟悉。

一个。

两个。

五个。

十个。

二十个。

无数个。

没办法，我无法不惊异于他的表现。我拿起电话，拨通了他的号码。

“舍瓦，你是怎么做到的？”

“因为我一直想赢，保罗。”

今天，米兰内洛的壁炉厅里挂着一张他的照片，手中是大耳朵杯。

推荐序三

人生中最杰出的转会

文／阿德里亚诺·加利亚尼

AC 米兰首席执行官、俱乐部副主席

“阿德里亚诺，这是什么声音？”

门外有一些年轻的女士，她们想进入我在基辅的酒店房间。她们敲门的声音越来越大，为了防止她们进来，我挪动衣柜堵住门口，把自己关在房间里。

“阿德里亚诺……”

当时，我与一位意大利广播电视台的记者坠入爱河，我正在和她通电话。她在赫尔辛基出差，而我在乌克兰，被疯狂的女人们袭击。其实我也在出差，我需要代表 AC 米兰执行一项秘密任务。

1998 年 11 月 25 日，我在现场观看了基辅迪纳摩与帕纳辛奈科斯的欧冠比赛，第一次近距离观察我们的转会目标和日后的新援：安德烈·舍甫琴科。那场比赛，他发挥非常差，更加刻骨铭心的是那天晚上的天气——那是我以前从未感受过的寒冷。我冷得想哭，可倘若果真落下一滴泪水，也会立刻结成冰。终场哨响，我疑虑重重，我们的体育总监阿里埃多·布拉伊达就坐在身边，我单刀直入地向他发问："你真的确定这名球员适合我们吗？"

他的答案让我放下心来："百分百确定。"

"买他的锋线搭档雷布罗夫会不会更好？"

"不会的，老板，相信我，保持冷静……"

我非常冷静，也非常冷。为了取暖，我躲进了酒店，可房间的窗户关不严，室内外的温差微乎其微，温度都在零下。我所在的楼层由一位上了年纪的女士负责，我问她是否可以提供毯子和电暖炉，可她为取暖提出了另一种建议：她的手指向了一些女孩。我摇摇头，告诉她这样不行，"我正在恋爱中"，可她完全没有明白。那些女孩开始向我走来——很显然，她们也没明白我的意思，并且已经瞄准了我。我赶紧撤退，回到房间，把自己反锁在里面。她们不死心，一直敲门，而门和窗户一样也关不严，我就把衣柜顶到了门口。

"阿德里亚诺，所以呢？这到底是什么声音？"

"没什么，我正在搬东西……"

没有毯子，也没有电暖炉。我受到猛烈的攻击，冰冷的空气从四面八方吹来：这是我一生中唯一穿着外套睡觉的夜晚。

为了舍瓦，这些都是值得的，因为他是一名与众不同的球员，即使我当时还对此毫无概念。理所当然，他登上了我个人层面上的领奖台，是我经理生涯中最杰出的三笔转会之一，与他一起的两个人，一个叫马尔科，另一个我们都叫他"小里卡多"。他们当然是前三名，即便我不知道如何在他们之间排序，又或许他们都配得上将金牌挂在胸前，名次并列。舍甫琴科、范巴斯滕和卡卡，第一名、第一名和第一名，三位金球先生，我（和布拉伊达）的骄傲，为他们分成三等份。

当我想到安德烈时，首先映入脑海的是他的眼神，2003 年曼彻斯特的欧冠决赛，他在对阵尤文图斯主罚决胜点球之前的眼神——那个画面给我造成了严重的精神伤害。赢下欧冠一周后，我们在米兰的斯福尔扎城堡组织了一场盛大的庆典，酒过三巡之后，我和一位著名的精神科医生坐在了一起。

我忍不住问道："医生，请问，我可以趁这个机会进行一次简短的会诊吗？"

"请。"

"您看，我遇到了一些奇怪的事情。"

"来吧，加利亚尼，请告诉我。"

"是这样的，您知道，从那天晚上之后，我一直在观看那场比赛的重播。每当舍瓦主罚点球的那一刻到来，我都会开始出汗，感到心悸，死死盯着电视，仿佛这是我一生中要做的最后一个动作。我变得紧张，不停扭动，几乎要用脖子上的黄色领带勒死自己。简而言之，我害怕他会罚丢。有时候，我也会闭上眼睛，不看那个画面，您明白吗？请对我说实话：这种情况严重吗？"

"不……"

"太好了。"

"让我说完，加利亚尼。"

"啊，好的，对不起，医生。"

"我是说：这不是严不严重的问题，而是无可救药了。"

在此之前，我只在另一届大赛感受过相同的恐惧：1982 年世界杯，迪诺·佐夫在对阵巴西队的比赛中，在门线上挡出奥斯卡的头球攻门。那次之后，我每次看到回放画面也会感到很紧张，并祈祷球不要入网。只有疯子才会这样，对吧。

我想特别说一件事：当初并不是我卖掉了舍瓦，而是他自己想要离开。尽管我和贝卢斯科尼努力想要留住他，他还是选择去了切尔西。2006 年，联赛倒数第二轮结束后，我们的主教练卡尔洛·安切洛蒂邀请所有人去他家做客，他的家在费莱加拉，距离帕尔马主场塔尔迪尼球场不远。来到晚上，聚会接近尾声，安德烈姗姗来迟，因为他之前被贝卢斯科尼叫到了阿尔科雷（贝卢斯科尼的别墅所在地），后者想劝阻他离开米兰。贝卢斯科尼做出了尝试，可是没有成功，我还记得他给我打的那个电话：“阿德里亚诺，我没办成。他说自己想要离开。”

我还想说，前几年的夏天，我们其实击退过切尔西对他展开的攻势。切尔西老板罗曼·阿布拉莫维奇邀请我去波托菲诺海岸，他的长达115米的游艇“佩洛鲁斯”号停在附近。我们的讨论主题——安德烈的未来。阿布拉莫维奇派了一架直升机来米兰利纳特机场接我，在降落到他的“漂浮城市”之前，我注意到海里有一些潜水员，于是向他本人询问了这件事，我真的很好奇。

“潜水员？加利亚尼，您看，他们已经做好了准备，万一直升机没有降落在游艇的着陆平台上……”

我深受震撼。

话题很快就转向了舍甫琴科。他向我提出了一个令人难以拒绝的报价：超过5000万欧元。对于那些还习惯用旧里拉的人来说，那相当于1000亿里拉。我感到瞠目结舌。

“罗曼，对不起，我得打个电话。”

我站起身，走向船头，拨通了贝卢斯科尼的号码。考虑到对方开出的数字，我有义务这么做。

“主席，他们为舍瓦报价5000万欧元。”

“没得谈，阿德里亚诺。”

“谢谢。”

“不客气。”

我向阿布拉莫维奇表明了态度，他让直升机把我带回米兰。起飞后，我从窗口向海里的潜水员挥手，以防万一。

我记得关于安德烈的一切：每粒进球，每次庆祝，每场比赛，每个瞬间。我特别珍藏着一张照片，上面是他荣获2004年金球奖后，我们一起乘坐私人飞机从巴黎回家的情景。他作为主角帮助米兰取得了许多胜利，也让我养成了多年来的恶习：赢得冠军之后，我至少要抱着奖杯睡一晚。

这一次，不需要穿外套，衣柜也终于回到了自己的位置。

推荐序四

这是关于我们的一切

文／卡尔洛·安切洛蒂

意大利著名足球教练，曾执教 AC 米兰、

切尔西、拜仁、皇马等球队

在这本书中，舍瓦讲述了关于他自己的一切，也讲述了关于我们的一切。我们一起经历了情感的过山车，体验了千种滋味。

我们共同经历了曼彻斯特的奇迹之夜。当时，我试图对抗我的过去，他完全掌控他的当下。我时不时地仍然想象着他还在那里，看看裁判，看看球，再看看裁判，再看看球，然后再看看裁判、球和布冯，最后踢出决胜点球。他的射门为我们带来了欧冠冠军，点球点前是纯粹的欢愉。

老特拉福德以“梦剧场”的名字闻名于世，这正适合当晚的我们。那个夜晚在报端停留经年，在我们的心间常驻。胜利的光辉被印在年鉴上，十二个月后就会过期，但在我们的内心世界里永远新鲜，记忆不会褪色。我们一同书写了那场胜利，舍瓦写下的是最后一句，但之后无须

另起一段、重新开始——我们已经成为朋友。

我们共同经历了伊斯坦布尔的痛苦。这座城市是两个大洲之间的交点。对阵利物浦的那场比赛，我们经历了强势与崩塌，经历了美妙与丑陋，经历了强者的规律和命运的不可知。我们一度领先，一度战平，但最后输了。我们经历了常规时间、加时赛和点球大战，但最重要的是比赛结束后——那一刻，我们展现出了真正的团队精神。正是在尘埃落定之后，当泪水已经被擦干，所有的不解也烟消云散，舍瓦和像他一样的人都重新站了起来。足球之神在土耳其选择高唱披头士，但我们也会继续弹奏。

尤其是我，因为我喜欢唱歌。在庆祝球队的胜利时，我会拿起麦克风开始即兴创作：这也要感谢舍瓦，我们的歌单上中有很多首歌。有一次，我甚至看到他与劳拉·保西尼*进行二重唱——不得不说，他踢球的水平比唱歌高得多。

我们曾经彼此相爱，现在依然如此。然而，我们之间也进行过争论，这是因为我们共同的美德：总是直率地说出心中所想。在米兰内洛，他曾经多少次敲响我的房门！

“卡尔洛，你把我放到替补席上，你错了。”

“不，舍瓦，我是对的。”

“你错了。”

“我是对的。”

“你错了。”

“我是对的。”

我们本可一直僵持下去，我只能尽可能摆出最严肃的表情。等他离开我的办公室后，我会忍不住笑起来，这感觉就像和自己的孩子吵架一样。那之后，我们继续爱着对方，继续想要与对方拥抱。

---

* 译者注：意大利著名歌手，也是AC米兰球迷。

在职业生涯的某个阶段，他饱受背伤的折磨。虽然没有医学学位，我还是马上明白了问题所在：每次 AC 米兰获胜后，球队都会举起我庆祝，把我扔到空中，再把我接住。

我可不是个瘦竹竿。

推荐序五

舍瓦，就是最伟大的球员之一

文／若泽·穆里尼奥

葡萄牙著名足球教练，曾执教切尔西、

国际米兰、皇马、曼联等球队

我在摩纳哥遇到了舍瓦，欧洲超级杯的比赛。

米兰 1 比 0 波尔图，舍瓦进球。

从那天晚上起，我就不再喜欢他了。

当然，我只是在开玩笑，这不是真的。当我还是巴塞罗那助教的时候，我们遭遇了基辅迪纳摩，那个伟大的男人在诺坎普上演了帽子戏法。

非凡的球员。

我在切尔西执教过他，他是个绅士。可对我来说不幸的是，我与舍瓦的合作发生在他的米兰生涯之后，当时，他被严重的伤病所困扰，并需要时间来适应野兽般的英超联赛。即便如此，我依然感到荣幸，能够与那些伟大的球员之一共事。

舍瓦，就是那些最伟大的球员之一。

感谢我在这本书中提到和回忆起的所有人，因为他们在我的生活中都非常重要。每一个人都教会了我一些东西，能遇见他们是我的荣幸。

——安德烈·舍甫琴科

目录

第一章

辐射

它有放射性。

我的球有放射性。

它燃烧了，它熔化了，形状变得卷曲。它闻起来就像塑料被点燃时发出的恶臭。它泄气了，它窒息了，它要死了。

我把切尔诺贝利的一部分带进了家中。

我把一颗小原子弹，隐藏在自己最热爱的足球之中。在基辅，我居住的街区，每个人都知道我梦想成为足球运动员。9岁时，我在不知不觉中将一种隐形装置放进了自己家，那是一个40平方米的公寓，我和姐姐叶连娜以及父母一起住在那里。

我的父亲尼古拉看上去并不担心。更准确地说，即使他真的担心，也没有让我们注意到。他当时在军队工作，在那里他们有时候会训练伪装技术，有时候还会训练掩饰自己的情绪。他静静地观察着那团小型的火焰，手里紧紧地握着一个我从未见过的奇怪装置：那是一台测量仪，可以测量环境和物体的辐射水平。

我的母亲卢波芙也没有说话。她已经完成了自己的任务，完全出于本能。只有女性才能在看到孩子面临危险的那一刻，下意识地提供保护。她把足球扔进盆里后，在爸爸的帮助下点燃了它。为了抹去别人制造的罪孽，她或许没有选择最合适的方式，但这无疑是最符合直觉的办法——为了消解魔鬼留下的印迹，人们总会马上想到火焰。只是在当时，我们都忽略了一个细节：当温度升高时，魔鬼才会来到自己的舒适区，尤其是那种恶魔。

1986 年 4 月 26 日，切尔诺贝利核电站 4 号反应堆破裂，仿佛爆炸的是整个世界，但该事件的破坏性到底有多严重，唯有日后才能显现出来。就我自己来说，在那段时间，我没有注意到任何异象，也是因为就在事件发生的几天后，几乎所有基辅居民都走上街头，参加 5 月 1 日劳动节的庆祝活动。

我今天叙述中事情的严重性，当时的我还根本不清楚。我没有意识到问题，照例面对着生活中的每一件事情，就好像危险并不存在。我继续待在自己狭小的圈子里，在自己的私密空间中享受乐趣，而那里距离新的地狱只有不到 150 千米。按理说，这样的距离看起来或许相当遥远，但随着风吹起来，两地之间仿佛架起了一条高速公路，专门运送那些渣滓。

风沿着笔直的隧道飘来，裹挟着毒物，并将之散播在各处：在爸爸妈妈睡觉的客厅沙发上，在孩子们共用的小房间里，在我们面积不大的厨房中。有毒的空气又飘到屋外，来到我们公寓前面的楼里，这是一座公共建筑，里面主要存放着各家各户的锅炉。在这座建筑的后面，人们放了一个球门，我和朋友们经常在那儿一玩就是几个小时。我们从不感到厌倦：有时候射门偏离目标、放高射炮或发生折射，我们不得不跑到屋顶上捡球，却还是乐此不疲。捡球的任务经常落到我身上，因为我是所有人中最敏捷的。要去到那里，必须先爬上一棵树，爬到树顶之后再跳到屋顶上。这其实很危险，还好我每次都爬得很顺利。

直到那一天。其实我当时很高兴，因为除了我的足球之外，我还找到了其他好几个球。那是属于过往比赛的痕迹，是那些踢丢球后没有勇气爬树的孩子们留下的。我本该把那个屋顶定义为“球的墓地”，但直到我目睹自己的足球燃烧起来。它被埋葬在一个盆里。

当我回到家时，我把足球抱在腋下，就像在拥抱某种战利品。为了找回它，我付出了很大的努力。我看到爸爸正在等我。

“安德烈，把球给我。”

“为什么？”

“把它给我。”

我没有再多问，因为父亲平时话并不多。他曾经驻扎在德国12年，之后从1975年秋天到 1976年春天待在阿亚古兹（位于今哈萨克斯坦境内）的军事基地，那里有几个卫戍部队和一个综合导弹部队。最后，他被召回基辅。他精通沉默的艺术，这既是天生的特性，也来自上级的命令。他很清醒，知道自己在做什么，也知道我们目前正在讨论的主题。在当局正在撒谎、误导、隐瞒公众，并徒然寻找无效的解决方案时，他可能是率先察觉到某些迹象的少数人之一。

我按照他的要求做了。接着，父亲拿出了辐射探测器，仪表上开始显示可怕的指数，各项数据的指针剧烈地摆动着。看起来，要么是仪器已经坏了，要么是我们都即将被摧毁，被那些无色但并非无害的云层淹没、瓦解，被那些微小的颗粒向体内发起攻击，甚至连灵魂都受到摧残。与此同时，我的足球已经遭受了一记重击，而我的家人决定将它送上火刑柱。

尽管如此，我还得再说一遍：当时的我仍然对状况一无所知。即使随着时间的流逝，周围的事情开始发生变化。我注意到，他们不再让我们到街上行走，他们总是在清洗人行道，甚至清洗建筑物的外墙。过了一段时间，父母和姐姐把我送到了德维尔基夫希纳的祖父母那里，德维尔基夫希纳位于基辅州的亚戈廷斯基区。

直到五月底，即灾难发生一个月后，莫斯科才终于下令采取行动：疏散儿童。家长们提前收到了通知，他们被告知自己的孩子将会被转移到哪个地方、哪片营地、哪条街道。不存在恐慌，我们处在一个由决策者精心构建的常态之中。

学校停课了。来自苏联各地的大巴抵达基辅，载上 6 岁至 15 岁的儿童和少年，将他们带离这里。我登上的大巴把我带到了火车站，从那里我开始了 10 个小时的旅程，前往距离家 1500 千米的亚速海沿岸，那是黑海以北的一片海域。我感觉自己就像一场冒险的主角 —— 这就是我看待当时那种状况的方式，就像是一次旅行。

最终目的地有点像夏令营，营地里有一些小房子，每个房间里睡 7 个人。在那里，我们远离家乡，根本不知道切尔诺贝利的真实情况。我们只能希望自己足够幸运，因为辐射的传播可不会遵循预先设定的路径，从 A 点到 B 点。你不知道带着放射性物质的雨水会降在哪里，也不知道风的方向。你唯一能做的是祈祷。

我还记得那个地方是何其巨大，空间的尺寸大得夸张。或许我们的目的地并不完全是随机选择的：如果远端没有可见的地平线，我们就更难在预定的边界里焦虑（即使是无意识的焦虑）。那些边界悄然溜走，谁知道去向何方。

我不能说那是一段糟糕的时光，顶多可以说有点奇怪。那是一次拯救我们的旅行。我们在那里继续学习，但最重要的是，我每天都可以继续踢球，和队友们一起 —— 他们和我一样被从家人身边带走。除此以外，我还进行其他运动：网球、田径、篮球。

一个月后，我的父母接到了姐姐，她之前和整个学校被统一疏散到某个营地。他们也抵达了黑海沿岸，我们终于再次团聚，在那里又度过了三周，之后回到了爷爷奶奶家，我们在那里度过了剩下的夏天。

说到底，我在那段时间过得其实很开心，就像切尔诺贝利悲剧迫使我们流亡之前，在基辅度过的那些日子一样。到了四月底，俱乐部的体育中心也被放射物污染，但就在此前的三月，基辅迪纳摩选择让我加入他们的青少年队，因为他们在校际锦标赛上看到了我的表现。当时，我就读于 216 学校（这些学校没有名字，只有编号），那是一栋灰色的三层楼。我所在的街区是奥博隆，那是个几年前才兴起的地区，有幼儿园、学校、体育中心、电影院、游乐场、诊所。简而言之，那里有我们所需的一切。

在校际锦标赛的看台上，坐着迪纳摩儿童队的教练亚历山大·什帕科夫。日后，在我们需要的时候，他还帮忙将我们送到了黑海之滨。

当时，我并没有被赋予某个具体的场上角色。我来回折返，什么位置都踢：参与防守，来到中场，冲击对方球门，完成进球。在那之前，我从来没有踢过 11 人制的比赛，更别说场上还有一名裁判和两名守门员，球场的边缘有一点草皮，其他部分则是泥地。我已经习惯了那种没有规则、纯靠热爱的比赛，最终的胜利者是没有被疲惫压垮，也没有被妈妈叫回家吃饭的人。人们很容易找到我，只需要在我住的地方附近的几块球场间转转就行。在我的幻想世界里，我有时候是奥列格·布洛欣，有时候则是奥列克桑德·扎瓦罗夫，他俩都是前锋。

我不记得自己的足球火花是什么时候被点燃的，或许出生的时候脚下就带着足球。然而，我知道与什帕科夫的相遇改变了我的人生。在那届锦标赛的某场比赛结束时，他走近我，进行了自我介绍，并递给我一张纸条：“这上面有我的名字、地址和电话号码，让你父母来联系我。你想参加迪纳摩的试训吗？”

这其实是个反问句，但答案还是取决于我的父母。我马上回到了家，爸爸似乎对这件事不太感兴趣，妈妈则反过来问我：“你想去吗？”

“想啊，那可是基辅迪纳摩……”

“那就去吧。”

爸爸见此也同意了：“好吧，你去试试。”

于是，妈妈拨通了教练的号码，在电话中得到了所有信息。陪伴我去试训的正是她，她知道那正是我最想要的东西，她爱我。

试训很快就结束了，时间过得飞快。我并不是唯一的试训者，很多人都和我一样追逐着相同的梦想。什帕科夫为了寻找人才，不仅走遍了各所学校，还会关注在街道上带球玩耍的孩子们。他没有遗漏任何东西。他让我们一起踢了一场比赛，又进行了一些技能练习。我心里感觉自己比其他人都强得多，而这种感觉在几分钟后就变成了事实：最后，我和另一个人被选中了。不过，这一切并没有那么令人兴奋。

真正令人兴奋的时刻，是我第一次跨进基辅迪纳摩学院的门槛时，那里是俱乐部青少年梯队的体育中心。入口处俱乐部的队徽非常醒目，里面的球场草皮是完美的，更衣室也是我见过最漂亮的（其实也是因为我之前从未见过球队更衣室）。体育中心有一道网，让外部世界无从窥探里面的状况，也让我们感受到了被保护。

我们看着那些年龄更大的小伙子们踢球，他们迟早会在一线队亮相，成为真正的职业球员，在顶级联赛中踢球，或许还会出现在欧战赛场上。

这一切都转瞬即逝。我只在那里进行了几次训练。

然后，4 号反应堆爆炸了。

第二章

迪纳摩

我只是浅尝过基辅迪纳摩的滋味。

那滋味还留在舌尖上。那是世间最独特的滋味之一，是其他味道都无法比拟的。由于此前从未尝试过，我很难精确定义这种滋味，但那当然是独特、美味、新鲜、甜美的味道，让味蕾充满活力。那是一种新奇感，却过早地消失。

黑海边的日子，每天都过得一模一样。倒不是说那些日子很无聊——确实并不无聊，正如我已经说过的，其实很有趣。那些日子里，排满了要进行的活动和要完成的任务，但我几乎没有时间去思考，或者去梦想。我们面对当下的现实，逃避刚刚翻越的过去，并不去关注眼前的未来。足球依然在那里，依然在滚动着。每次踢球时，我都会感觉到某种东西，那是种类似于爱情的战栗，却并不会马上消失。昨天还是明天，已经没有区别——我们一直都在“今天”。

后切尔诺贝利的夏天来了又去，离开时没有太多寒暄。夏天结束时，我们一起回到列车上，与爷爷奶奶挥手告别。9月，学校又开学了，我把注意力集中在其他事情上，却时不时地忍不住问自己："那迪纳摩呢？"

我无法回答自己，留下一团疑虑，我变得心烦意乱、粗枝大叶、三心二意、杂乱无章，我开始忘记各种事情。我的脑海里一片混乱，孩童的各种思绪纠缠在一起。无数括号在面前浮动，括号只有一边，没有尽头。这一切与我将成为谁无关。

"那迪纳摩呢？"然后它就从脑海中消失了。

"那迪纳摩呢？"一秒钟后我就转换了话题。

"那迪纳摩呢？"我不知道。

"那……"我甚至不记得自己刚才在想什么，尽管足球一直是我旅程中的指路明灯。

它寻找我，它渴望我。当我的目光正在逐渐消失，或者即将落在别处时，它重新让我睁大了双眼。它联结命运，它将我召回。或者更确切地说，它重新联系了我的母亲。我是在一个下午得知消息的。

"安德烈，你的教练打来电话。"

"妈妈，哪个教练？"

"就是试训的那个，还记得吗？"

"啊，当然，他对你说什么了？"

"他希望你回到球队。"

"我可以吗？"

"你可以，安德烈……"

如果什帕科夫没有再次联系我妈妈，我的职业生涯在那时就可能被认定为结束了。甚至在切尔诺贝利的灾难发生之前，我就会消失在一团有毒的迷雾中。事实上，和我一起长大的朋友中，只有一个还活着。如果算上我的话，那就有两个。

体育和父母拯救了我，或者至少为我指明了道路，而我很好地抓住了机会，没有陷入诱惑。当时，苏联仍然存在，但加盟共和国之间的裂痕已经显而易见。黑洞逐渐蔓延，小时候和我一起踢球玩耍的人都迷失在其中，被毒品、酒精和武器杀死。他们参加的是一场从开始就注定失败的战斗，人们曾几何时不再相信任何事情，他们开始放纵自我，并认定唯有最暴力的犯罪，才是唯一可能的谋生方式。警察无法帮助任何人，因为他们自己也深陷腐败。敌人之外还是敌人，一切就像一套无情的多米诺骨牌，人们之间彼此摧毁。没有光，只有不同程度的黑暗，很多人跌倒了。我认识的某些人都在很小的年纪开始做坏事，大约 12 岁就误入歧途。我和他们一起长大，去过他们家中做客，记得他们的名字和面孔。我一天到晚踢足球，但除此以外的空闲时间正是和那些家伙一起度过的。我把持住了自己，没有陷入错误的情境，这是我的幸运。但也有例外，身在丛林中，你会在最缺乏防备的时候受到攻击，摆在你面前的有两种可能性：要么选择屈服，要么保护自己，免受侵害。我遭遇了几次这样的情况。有一次回家时，我鼻子骨折，嘴唇裂开，疼痛难忍。我陷入了一场斗殴，惨烈的样子甚至让妈妈都很难认出我。那一次，我一周都没法出门。从那一刻起，我开始憎恨暴力：我已经见证了足够多的暴力，以至于能够对它有充分认识。

暴力杀死了我的朋友，却没有杀死我。

每个人都要为自己的选择负责，我早就知道他们有朝一日可能会遭此下场。我有其他的兴趣爱好，通过踢球来发泄情绪，而不是踢人。我们有着不同的目标，而我通过运动改善了生活。我保护了自己的生活，也尽自己所能帮助其他人，就像在 2006 年德国世界杯期间一样。世界杯开幕前几天，我的一位儿时好友在服刑 7 年后出狱。我想办法帮他找到了一份工作，然后与乌克兰足协聊了聊，成功地邀请他来到现场观看我们的比赛，让他体验到了足球世界中最不可思议的大赛氛围。我们通过某种方式，让他感受到自己也是我们中的一员。想想看，很多年前我明确对他说过："如果你继续这样的生活，我就不得不离你远去。如果你不想改变，我就得和你保持距离。"我确实这样做了，却依然爱他，依然关心他的情况，依然试图在罪行之间让他得到一些善念。其实，我在很多年之前就尝试过，真的。

“安德烈，我就是这样了……”

“但你总是可以改变的。”

“现在已经太晚了。”

当时，他还不满 18 岁。

在德国，我发现他已经洗心革面。他终于浪子回头，想明白了。他很高兴能和我待在一起：不仅是作为一位受欢迎的客人，而且是作为我的好朋友。他的快乐就是我的快乐，因为他的痛苦也曾经是我的痛苦。每当他们中有人去世时，都会为我的内心留下一道伤口，因为我知道离开的是我们中的一员。世界杯结束后不久，他在一起事故后去世了，却不仅仅是因为事故。当时，医生试图对他进行手术，却发现他的肝脏因多年滥用毒品而受到损害，长期的监禁又使他的健康状况进一步恶化。没办法，他们又把刀口缝合了。即使没有这起事故，他也最多只能再活几年了。

我认为自己很幸运。不过，我自己也有付出努力，避免误入歧途。爸爸是一个勤奋工作的人，妈妈在一家幼儿园上班，他们是两个好人。他们很高兴看到我全身心地投入运动，而不是出去喝酒、抽烟或抢劫。那时，被刀架住脖子的情况常有发生。从什帕科夫向我家里打去电话、要求我回去训练的那一刻开始，我开始沿着一条正确的道路前进。在迪纳摩的第一年，我由于年龄原因无法正式加入球队，就和队友们在一支名叫 Tempo 的卫星球队踢球，征战基辅当地的锦标赛。对手们的年龄都比我们大，但我们仍然排名第一。

终于，我们披上了那件球衫，在各种意义上都成了迪纳摩的球员：我们每天都去球场，在赛季中征战两项赛事，一项是周六的城市锦标赛，另一项是周日进行的全国性赛事。当时，我们还是小孩子，却已经开始独立旅行：六七个人分成一组，没有成年人带队。我们乘坐公共交通工具，包括地铁：从我家到尼夫基体育中心，单程就需要一个多小时。准确地说，是 1 小时 10 分钟。再考虑到路上的不确定因素，往返几乎要两个半小时。有时在冬天回来的路上，我们会选择抄近路，穿过一片漆黑的森林。天很黑，我很害怕，一点轻微的响动就能让我心惊肉跳——在 10 岁孩子的想象世界里，妖怪和鬼魂仍然是存在的。

然而，即使是那些趟出来的临时路线，也让我从中受益。我在那里学到的一课是：团结在一起时，我们会让彼此变得更加强大勇敢，坏蛋也会变得善良（至少暂时如此），而好人依然是好人。

第三章

意大利

我相信命运，而我的命运就藏在一颗足球里。命运瞄准我、追赶我、渴望我。命运寻找我、研究我、牵引我、说服我。

命运向我求爱。

足球选择了我。

它牵着我的手，抚摸着我的灵魂。它改变了我，并且教育了我。

刚开始踢球时，我忘性很大。我是个粗心的孩子，做事杂乱无章，经常弄错时间，把鞋子落在家里。特别是在基辅迪纳摩的第一年，有一次，我因为记错日子错过了一次训练；另一次，我因为搞混地点错过了一场比赛，我出现在了错误的地方，面前是空荡荡的球场。那会儿距离我从黑海回来、恢复正常生活，已经过去了好几个月。什帕科夫把我叫到了体育中心。

“坐那儿。”

他指着一把椅子，房间里只有我们两个人。

“听着，安德烈，这是我最后一次原谅你。下次再犯错，你就会被开除出队。我要求你遵守纪律。记住这个词：纪律。今后的生活中，你会需要它。”

听起来令人难以置信，但那次简短的训话永远改变了我。从那之后，我像是变了个人。我太喜欢足球，无论如何也不能、也不想失去它。此后的日子里，在即将犯错之前，我总是能听到教练那番话的回声，这让我及时踩下刹车，距离那条红线只差毫厘。我努力不犯任何错误，但这并不容易，因为粗心的人未必是坏人，他们只是忘记了本该牢记的事情，他们在犯错前并无预谋，也没有恶意，但错误就这样发生了。又或许，他们没有考虑到问题的严重性。

什帕科夫给了我一个集中注意力的理由，他是个值得尊敬的好人。他并不只关注竞技表现，恰恰相反，他经常将这些东西放到第二位。教育才是第一位的，他教导我们尊重他人。对我来说，在足球层面上找到良师固然重要，但遇到一位人生导师更加关键。

“安德烈，记住，纪律……”

我每天都会收到这条指示。从他那里，我学会了不要太有侵略性，不要表现得过于自私，团队合作比单兵作战更容易。多亏了他，我明白了牺牲的价值和谦逊的美德。对于我们的成长，他没有揠苗助长，因为他知道那个年纪的孩子既有发展较早的，也有起步较晚的，从身体发育和技术天赋两方面都是如此。他给了我们每个人成长所需的必要时间。此外，他还会检查我们的学习情况，如果成绩不让他满意，他就会惩罚我们，不让我们参加训练，甚至会停训整整一周。如此这般，我们的父母也更加放心。

在学校，我将必要的精力花在学习上，以避免受到惩罚，但在家里我没有耐心学习，几乎从来不做作业，课上听到的内容就是留在脑海中的全部。如果时光倒流，我会更加努力学习。对当时的我来说，足球才是头号大事，但我也爱上了一门学科：历史。它让我沉迷其中，当我在书上读到历史，我总是试图准确地在脑海中还原当时的场景。我带着奇思妙想向遥远的时代上溯，因为我们的根源都在那里。

其他方面，现实世界里的旅行变得很困难。离开苏联到外面的世界，必须出于工作目的，除非你是极少数的精英人士。此外，即便官方为旅行开了绿灯，普通公民也还是缺钱。我姐姐出生在德国波茨坦，父亲由于在军队工作，所以可以相对自由地活动，这一点上他们都比我幸运。我直到12岁时才第一次出国，那是1989年3月，我出国参加一项锦标赛，目的地是意大利——日后，我还会以AC米兰球员的身份回到那里。我不认为那只是巧合，因为正如此前说过的：我相信命运。命运是存在的，我有证据。那次旅途很漫长，我们带着苏联的内部护照离开基辅前往莫斯科，又经过一天的等待，才拿到离开苏联所需的外部护照。在谢列梅捷沃机场的2号航站楼，我们登上了飞往罗马的航班，飞机在早上降落，而我们晚上就要乘火车去那不勒斯，再从那里坐巴士前往比赛的举办地阿格罗波利，距那不勒斯约100千米。在意大利首都，我们像是初次踏上新世界的人一样，非但没有感到疲倦，反倒相当兴奋。我们像是征服者，但其实征服的是本属于我们自己的一点自由。我们像是路过此处的考古学家，在罗马城的景点间跑得飞快，就像在球场上一样，以免浪费有限的自由时间。我们因喜悦和好奇而疯狂。

斗兽场：宏伟壮观。

罗马人民广场：广袤无边。

圣彼得大教堂：令人屏息。

视线所及的每一处，我都能看到独一无二的东西。我感到自己身处历史上的帝国中心，而历史正是我在学校少数真正喜欢的学科之一。我对意大利一见钟情，它让我眼花缭乱，心潮澎湃。

原来这里不只有布鲁诺·孔蒂、朱塞佩·贾尼尼、鲁杰罗·里齐泰利和塞比诺·内拉。当时，我们在电视上只能看到极少数意大利球队的比赛，其中就包括罗马。

原来世界上不只有基辅。

几个小时之后，我的足迹又延展到了阿格罗波利，那是一个带海景的梦境。我被当地人的善良所打动，在那里我们仿佛成了大家的孩子。人们总是拍着我们的脸颊，为我们欢呼，尽管他们不知道我们是谁。我们几乎一无所有，除了热情，以及一个用来放置个人物品的小塑料袋。在那里度过的每一分钟，对我们来说都是全新的体验，即便在球场上、在比赛中，我们才是那个令对手们讶异的球队。我们赢得了那项锦标赛的冠军，而我在半决赛打入5球，当时的对手代表的是圣马力诺。来到决赛面对东道主，对手的名字叫阿格罗波利铁路业余俱乐部，我再次打入5球，只用了20分钟。由此，苏联足球给人们留下了好印象，而那也是足协第一次没有派出莫斯科球队参加那项赛事。与此同时，我们吃着意大利面、马苏里拉奶酪和比萨，喝着可口可乐和芬达，在苏联可找不到这些。赛事组织者和当地的普通人，给我们买了很多礼物，我得到了一条牛仔裤。我现在还记得那条裤子：蓝色的，很漂亮，没有补丁，全新。我还得到了迪亚多纳品牌的运动服，在那之前我可没有这样的衣服，另外还有一双鞋。我感觉自己像个真正的国王。最后，他们还偷偷地给了我们一些里拉现金，这样我们就可以给留在基辅的家人带点东西：我为爸爸买了一把吉列剃须刀，为妈妈和叶连娜买了香水，都是珍贵的礼物。离开的那一刻，我有一种强烈的感觉：我还会回到意大利。那更多的是一种确信感。

第一次旅行令人无法忘记，但其他旅程同样难忘。比如1990年的威尔士之旅，我去参加的赛事是伊恩·拉什杯，杯赛的名字来自曾随利物浦两夺欧洲冠军杯的传奇前锋。我踢得很棒，进球如麻，也加冕为赛事最佳射手。因此，组委会奖励了我一双足球鞋，拉什的足球鞋。那双鞋子是耐克的，皮革的，真正属于我的。鞋子也正好是我的尺码，只是有一个问题：在接下来的一个半月里，我长大了很多，脚的尺寸也变大了，但我不想放弃那个战利品。鞋子变得有点小了，可我仍然穿着它。我不能浪费，更不能扔掉它，天知道它本来要花多少钱。几周后，鞋子破洞了，特别是在大脚趾的位置上有两个洞。脚趾挤压并冲破了鞋尖，但我并没有因此灰心。每场比赛结束后，我都会擦亮自己的球鞋。然后我回到家，回到自己的小房间，拿起针线和一块皮革，缝补那磨损的痕迹。尽管脚趾的一部分经常露在外面，我还在继续进球。可脚的尺码越来越大，修鞋也变得越来越困难，直到彻底没辙。我终于不情愿地把那双球鞋收了起来，却从来没有扔掉它。这是出于对伊恩·拉什的尊重，因为他把那双鞋送给了我。这也是出于对基辅迪纳摩的尊重，因为是俱乐部让我有机会去经历这些。这还是出于对父母的尊重，因为他们一直努力工作，却买不起那双鞋。爸爸比较严厉，妈妈相对温柔。当我因为参加体育活动，落下学校的课业时，还得靠妈妈和老师、校长说话。有一次我让她失望了，那时我13岁。考试前一天，什帕科夫告诉我们：“如果明天你们有人能在训练开始前交卷，我会在球场上等着。其他人来不及的话也没关系，他们可以第二天再来训练。考试比足球更重要。”我是最早交卷的人之一，回家取了足球包之后，我在路上遇到了几个朋友，他们邀请我去钓鱼：“来吧，和我们一起，我们会玩得很开心。”于是，我就跟他们去了，心想着训练课反正也是可以翘的。我们玩了几个小时。回来的时候，妈妈正在楼下不远处等我：“安德烈，训练进行得怎么样？”

“很好，妈妈。一切顺利。”

“啊，什帕科夫之前打电话来了，问你是否去训练。我告诉他你刚从家出发。”

我浑身发抖，感觉很糟糕。我觉得自己不仅背叛了母亲和教练的信任，还背叛了内心深处的一些东西。几年前我曾经向教练保证，自己永远不会再犯类似的错误。

“安德烈，还有一件事。”

“告诉我吧，妈妈。”

“其实我要了你，教练没有打电话来。我和你开了个玩笑。”

不知为何，她早就看穿了一切。又或许我知道个中原委：妈妈总能预判孩子的一举一动。在一切成为现实之前，她们就能看到自己孩子的未来。即便如此，我的负罪感并未减轻。因此，我对自己发誓：我再也不会逃过任何一次训练，再也不会。

第四章

运动家

成长意味着找到重置键的位置，而我当时已经一清二楚。它只会出现在两个地方：有时藏在内心深处，有时则在头脑里。它连接着隐藏的想法和深藏的真相，也是梦想的色彩源头。它是一个保险柜，而我自己就是钥匙。情感和足球：我不求更多，也不想要更少。

我不断地对自己进行重新规划。

征途已经起步，自此不可阻挡。

我知道自己想要成为一名足球运动员，并根据目标来调整自己。当时的我不是机器人，也不是计算机，尽管在接下来的几年里，我会经常被以此定义。但我已经选择了一条非常明确的道路：那是条投入之路、劳作之路、奉献之路。尽管时不时会有出格之举，就像那些同龄的年轻人一样——他们不再感觉自己像个孩子，却还没有成为大人——我总是能很快回归正轨。

对我来说，时间总是不够用，所以我试图利用碎片时间，一大早就起床。如此这般，我可以在上学之前独自训练一会儿，尽管不是每天都做，而只是在我觉得需要，或者感觉身体状态跟不上的时候。雨雪天气、零下低温，都不能让我动摇；即使世界崩塌，只要我觉得自己需要跑，就不会停下脚步。头脑发出指令，身体服从执行，这当然累人，却让我感觉良好。对我来说，比起带着自豪感的冲刺，这更像是必要的马拉松。我还找到了最爱的完美跑步地点：韦尔布讷湖，那里靠近我在基辅居住的奥博隆街区，那是个天然健身房。

为了增加肺活量，我高速跑完 10 千米一圈的路程；为了增强肌肉，我在湖滨的沙滩上进行锻炼；为了锻炼内收肌和腹肌，我在公园里利用器械练俯卧撑。当时的日子总是这样开始的，我经常给孩子们讲述这段故事，并告诉他们只靠球队安排的标准训练课是不够的。训练课当然也很重要，但它应该被视为基础，而不是全部。我问什帕科夫，要怎么做才能提升速度与耐力？要怎么做才能有效增肌？在那些活跃而孤独的漫长时光里，他提出建议，我付诸实践。

早上到达学校的时候，或许我已经很累了，但真的很开心。我从来没有在桌子上睡着，因为满脑子在想着第二天的清晨训练了。倘若没有走上足球之路，我也必然会成为一名职业运动员：我对此深信不疑，因为我生来就是运动家。我参加迪纳摩的训练，除此以外还与朋友们踢一些比赛，而在正式决定投身足球运动之前，我也打篮球和网球，几乎从来不着家。我还练了 6 个月的自由式摔跤，每周三次。夏天，我在二十多米深的韦尔布讷湖里游泳，或者划双体船；冬天，我玩雪橇，甚至还会在山坡上向水面方向滑雪，速降滑雪很有趣，但我更喜欢越野滑雪，因为消耗更大。我还记得那些即兴的挑战比赛，对手时常是陌生人，但赢家几乎总是我。无论如何，假若没有投身于那项日后让我出名的运动，我可能会成为一名冰球运动员。当湖水结冰时，湖面就变成了一个完美的冰场，我们带上可移动的栏杆来划定场地，又带上球门、冰鞋和球杆，然后就开始比赛。当时，我们没有佩戴任何防护装备，大多数时候只穿着短袖 T 恤，反正也感觉不到寒冷。人们专门来看我的比赛，并反复对我重复道："你应该尝试加入一支球队。"基辅有一支叫索基尔的冰球俱乐部，成立于1963年，参加过苏联锦标赛，当时的表现相当强势。

为了足球，我付出了一切。但为了冰球，我曾经从家里二楼的窗户跳了出去。那是一个冬天，一个美丽的冬天，外面是晴空万里，晶莹的雪花映射出斑斓的色彩和不同的故事，就像一套完美的冷色调绘画。在那样的光芒中，在零下5摄氏度的天气里，即使是那些灰色的大楼也变得时髦起来。我放学回来，妈妈在等我吃午饭，一如平常。

"安德烈，今天怎么样？"

"你指在哪里？"我试图拖延时间。

"什么叫在哪里？在课堂上……"她催我回答。

"不太好，妈妈。"我低声说道。

"为什么？"她继续追问。

"我们有个考试，然后……"我已然举手投降。

"然后？"问题摆在面前，我肯定逃不掉了。

"我考砸了。不过我待会儿再和你说，现在我赶时间，因为吃完饭后得去湖边打球。"如此回答的同时，我知道自己完蛋了。

"不行，安德烈，现在你得待在家里学习。这样，等爸爸今晚回来时，你就知道该怎么和他说了。明天你还要重新参加考试。"

的确，每次我父亲从军队回来时，都会询问我在学校的情况：过得是否顺利？学习成绩如何？上课情况如何？刚刚发生的一切，他肯定不会心平气和地接受。

午饭后，妈妈去上班了，单位距离家步行只要3分钟。信任是件好事，但不轻信或许更好。当她出门的时候，用钥匙将门反锁了。也就是说：她锁上了门，又带走了钥匙，以确保我没法逃跑。我在书桌前待了不到半小时，就感受到了强烈的召唤：我必须去湖边。别无他选。我从一扇窗户处发现了完美的逃跑路线，不会留下任何痕迹。我把窗户打开，确定没有人从下面经过后，就拿起冰球杆，把它扔了下去。

幸好，我没有砸到人。

然后轮到了溜冰鞋。

这次也没有受害者。

接下来是最困难的部分，我得把自己也扔下去。我想都没想，短暂的助跑、跳跃，然后就着陆了。由于是落在雪地上，我浑身都湿透了，但身体完好无损。鉴于此种事迹，在盘点自己最喜欢的运动时，我或许可以加上这一项：跳伞，而且不带降落伞。我捡起了装备，和朋友们碰了头，他们在等我到来再开始比赛。我玩得兴起，完全忘记了时间，直到夜幕降临才意识到已经过了几个小时。我急匆匆地往回赶，一路上都在想象父母会怎样惩罚我。我在学校考砸了，回家也没做作业，我从家里逃跑了，从楼上跳下去，偷摸去打冰球。我做好了最坏的打算，我最害怕的是父亲的怒火。到家前的最后几步尤其煎熬，我犹豫不决是硬着头皮回家，还是干脆跑远点？最终，我鼓起了勇气，爸爸竟然在屋外等我。

“嗨，安德烈。”

“嗨。”

“进来吧。”

我满脑子想着：好吧，要开始了。我做好了一切准备。或者更确切地说，我几乎做好了一切准备，唯独没有想到事情的最终走向：他原谅了我。我们聊了聊，他明白了：在运动的魅力面前，我就是无法抗拒。运动之于我，更像是一个真正的使命，而不是一时兴起的把戏。运动是雷霆万钧的力量，是引人入胜的场景，是激情之火上的汽油，让我的内心熊熊燃烧。我对运动充满渴望，我愿意为运动付出，这对他来说就足够了。在自己儿子的眼里，他看到了一种近乎狂热的决心，他想到了此前让我接触艺术体操（准确来说是练单杠）的情景，我没有练太久，但当时眼里闪烁的光芒是一样的。他真的很喜欢艺术体操，而我不想让他失望。我旋转、飞翔，靠着身体和想象力。

我享受练体操。

我享受打网球。

我享受打篮球。

我享受游泳。

我享受划双体船。

我享受速降滑雪。

我享受越野运动。

我享受自由摔跤。

我享受冰球。

一次体操训练，一次网球发球，一次瞄准投篮，一次游泳摆臂，一次划船转弯，一次速降绕桩，一次上坡加速，一次摔跤倒背，一次冰球击打。无论进行任何运动，我都乐在其中，并且渴望胜利。为了实现这一目标，我知道自己必须不停训练，不断突破极限。

从冰球运动中，我最终获得了极大的满足：大概是2015年在华盛顿度假时，我去了华盛顿首都人队的主场，见到了我的朋友亚历山大·奥维奇金，他是美国国家冰球联盟的传奇人物。训练结束后，他邀请我一起滑冰，当时我的孩子们也在场，我可不想出洋相。我的水准在线，得到了他的称赞。在我的身上还保留着一些特质，来自那个当年在结冰湖面上打球的孩子，当初所有人都对他说："你应该尝试加入一支球队。"或许我本来也有机会加盟华盛顿首都人？一切都不会有答案了。

我选择了踢足球。当然，我也享受其中。

第五章

一年之约

或许连基辅体育大学的某些教授，在内心里都支持我选择冰球。

为了得到大学的录取通知书，我们需要进行一系列测试，其中就包括足球技能测验。在对荣耀和知识展开追寻之前，我们这些学生必须参加一场比赛，进行一系列预先设定的练习，证明自己的带球过人和射门能力，并在展示控球技术时不让球落到地上。那是我将满 16 岁的夏天，他们却拒绝了我。

本该通向一片光明的前进道路，突然将我引向了最幽深的黑暗中，进而变成了猛烈而无情的打击。对于那些希望得到解释的人来说，这样的结果是难以理解的。听起来，好像我根本不适合这项运动，但实际上当时的我一直在为迪纳摩队效力，并且表现优异。不管怎么说，我都没法上大学了，所以父亲开始着急，从他的视角来为我指路："安德烈，你必须去军校学习。"

在我毫无防备、最为脆弱的时候，这句话就这样击中了我，如此突然而直接，如此令人痛苦。父亲坐在家里，母亲在他身边，我站在他们面前，试图捍卫我的使命、我的生活。

“但是爸爸，我不想放弃足球。”

“你没上成大学，偏偏就是因为足球……”

他是对的，令人无法辩驳，但一想到我要与最喜欢的足球彻底分离，我就感到心碎。从我身上扯掉那件迪纳摩球衣，会给我造成深深的撕裂，造成无法愈合的伤口，因为那身球衣就是我皮肤的一部分。我重复了刚刚说过的话，这次增加了力量，鼓足了勇气，用尽全力喊了出来——老实讲，挑战父亲的权威可不是件容易事儿：“我不想放弃足球。请你们这次让我自己做主吧，拜托了。”他们互相看着对方。那个瞬间，他们一起做出了决定，无须商量，无须多言，就像他们彼此相爱时那样，就像他们内心的排序一样，孩子永远是第一位的。

“就一年，安德烈。我们再给你一年时间。”

“谢谢爸爸！也谢谢你，妈妈。”

“你努力追逐自己的命运，这是应该的。但如果一年后足球方面的进展不顺利，你就必须为上军校做准备，没有商量余地。时间是宝贵的，必须尽可能利用好，不允许浪费。”

倒计时已经开始，我的意志与之同步。我再次开启了攻击模式，一如既往。

嘀嗒，嘀嗒……时钟的指针正在转动。每一秒都可能起到决定性的作用。时间转瞬即逝，我必须紧紧抓住它，挥洒汗水，发挥才智，努力工作，继续梦想。当时，我依然在梯队踢球，但他们渐渐开始征召我参加迪纳摩二队的比赛，在大名单中顶替伤员。起初，我只能坐在板凳席甚至看台上，顶多可以偶尔在球场上短暂亮相：那是我第一次品尝到成人世界的滋味。在某些方面，当时我征战的联赛有点像意乙，联赛中的球员不仅有像我这样处于生涯起步阶段的年轻人，还有一些粗鲁的老将，要么已经处于职业生涯末期，要么是被大俱乐部扫地出门的，他们有时是对手，有时甚至是队友。他们对这个世界感到愤怒，在场上劲头十足，只是为了证明自己本不该沦落至此，是管理层的那些家伙犯了错误，低估了他们的实力。他们踢球只是为了生活，为了在生涯尾声再赚点钱，为了养活自己的亲戚，而不是为了用表现说服俱乐部将他们提拔到一线队——他们显然已经没有这种机会了。

那是我在足球舞台上最初的登台表演，我渴望能够在未来登上规模更大的舞台，而他们则正在上演职业生涯的绝唱。两个灵魂交汇于此，却未必总能和谐相处。我们是同一块宏大拼图中的不同部分，本该嵌在一起，到头来却充满了问题和嫉妒。天知道我那会儿挨了多少踢、受了多少瘀伤！他们经常打人，打得非常凶狠，作为场上最小的球员，我成了最大的受害者。他们的举动是一种报复，报复的对象是那些此前轻视过他们的人，他们试图传递一个无法接收的信息，其中隐含的问题是："既然我们当年没有踢出名堂，现在你凭什么有资格出人头地？"对于他们来说，这个问题关乎生死，关乎骄傲。

但他们怎么可能理解我和父母之间的约定？在那次家庭谈话之后，接下来的 12 个月成了重要的分水岭：要么获得全部，要么一无所得。对于一些队友和很多对手来说，他们讨厌犯错；对于当时的我来说，我决不能犯错。摆在我面前的是一扇破旧的石头门，而不是金光闪闪的大门，但在走过那扇门之后，我进入了最真实的足球世界。我尝到了在球场上战斗的滋味，理解了胜利的真正价值。正如俗语所说的：不是你死，就是我活。

我必须把能够登场比赛的每一秒都当作机会，而我确实也是这么做的。一个孤立的瞬间本身几乎没有价值，但许多瞬间集合在一起，就成了值得珍视的记忆，以及展望未来的基础。比赛中，他们用尽一切办法来阻止我前进的步伐，但我还是乐在其中。那是一段美好的时光，我还签下了职业生涯的第一份合同：每月的报酬相当于 50 美元。签约是我一生中最幸福的时刻之一，伴随着巨大的责任，因为这意味着我的收入变得比父亲高得多。前四份工资我分文未动，攒到一起给家人买了一台电视机和一台家用录像机，就是那种有时候会在播放时吞掉磁带的录像机。在我家，这样的奢侈品以前还从未出现过。给家里买东西，是为了感谢愿意给我时间、对我坚信不疑的人。然而，我知道自己才刚起步，还没有取得任何成就。

金钱买不来未来，至少对我来说是这样。

让我头脑冷静、保持专注的人，是二队的教练弗拉基米尔·奥尼先科。他曾经是一位优秀前锋，在1975年优胜者杯决赛中攻入两球，帮助迪纳摩队战胜来自匈牙利的对手费伦茨瓦罗斯。他还曾经与贝利在球场上交手，并为苏联国家队出场44次。刚满16岁时，我正式进入了奥尼先科执教的二队，并就此告别了青年梯队，从某种意义上说，也告别了那些年的无忧无虑。我的身边不再有什帕科夫和他的继任者亚历山大·李森科，什帕科夫曾经在我第一次出国旅行时陪伴我，李森科则见证了我梯队生涯的最后一次出国旅行。目的地呢？两次都是意大利，这就是命中注定。

就在被大学挡在门外的那个夏天，我们去意大利参加了一场锦标赛，但目的地不再是上次的南部地区，而是在米兰附近。我们赢得了奖杯，我被评为赛事最佳球员，但最重要的是，我终于亲眼见到了圣西罗球场。此前，我只在电视中看到过它的样子，在那个年代的基辅，电视屏幕上的画面总是影影绰绰，信号微弱又断断续续，即使在没有雾的天气里，也让我们家里雾气蒙蒙。尽管转播质量很差，那座球场却一直让我着迷不已。在我的想象中，它有着神奇魔力和神秘面纱，让我好奇不已。影像中的圣西罗模糊不清、带着颗粒感，又总是一闪而过，从某种意义上来说，这几乎是件好事：待时机来到时，我会探索它的每一个角落，在其中体会无数种情感。

我们是在那次锦标赛的一个休赛日，得到了探访圣西罗的机会。当天我们没有比赛任务，所以就请李森科带我们进入米兰城，到圣西罗去，并让我们自由活动一会儿。他同意了，并托关系让我们进入了球场。踏进圣西罗的那一刻，有种情感在我心中爆发了：尽管是第一次来到这里，但我对周围的环境感到熟悉而亲切，似乎潜意识已经知道了我当时还无从了解的命运。我的头脑飞速运转，思绪变得难以控制，其中一个想法越发强烈："总有一天，我会在这里踢球。"而那是在1992年。

圣西罗让我心潮澎湃，几乎落下泪来。这种内心深处的震颤，连我自己都难以理解。这里的宏伟气派让我神迷：草坪是如此完美，球场是如此广阔，看台也如此优雅高级。我看着球场四角的四座塔楼，想象四座筒仓，塔楼划定这座建筑的边界，筒仓可以存放我的那些精彩进球。

那是最棒的足球博物馆，最闪耀的足球历史。

我正在向那个未来迈开脚步。尽管无法预测，我还是可以感知到它。我感受到了那种律动，就像球迷们一齐起身、引吭高歌时的律动："谁不跳谁就是蓝黑球迷！"因为在圣西罗，在那一刻，我想象着比赛中的AC米兰。

只有AC米兰，没有其他球队。

只有红黑交织，没有其他颜色。

当时的国际米兰也是一支伟大的球队，但AC米兰阵中有马尔科·范巴斯滕、保罗·马尔蒂尼和弗兰科·巴雷西这样的球员。他们是真正的传奇，是我眼中遥不可及的明星。我还与李森科谈论过米兰的球星们，他熟悉意大利，热衷于美学，还精通战术。

圣西罗之行很快结束，却已在我的内心深处留下印记。之后，我们前往市中心，从广场上的各个角落欣赏米兰大教堂。教堂尖顶上的金色圣母是米兰城的守护者，她默默地俯视着脚下的景象，守护着自己的土地和人民。我们在埃马努埃莱二世拱廊街的一家餐厅享用了午餐，这座拱廊将米兰大教堂和斯卡拉歌剧院连在一起。通常来说，我们肯定是吃不起这顿饭的，但店主是李森科的朋友，他像家人一样欢迎我们，还给了我们优惠。不论是看年龄还是社会阶层，当时的我们肯定都算不上绅士，却还是得到了绅士般的礼遇。在回到训练基地，全心准备最后几场比赛之前，我们还路过了斯福尔扎城堡。我们站在城堡前方的巨大喷泉边，据说只要往喷泉里扔一枚硬币，就总有一天会回到米兰。

听说了这个故事后，我马上借了一枚硬币。

当我将硬币掷出时，脑袋里还在想着圣西罗。

第六章

一线队

尽管约定的期限是 12 个月，我实际上只花了几个月的时间来让父亲相信：足球和我已经是不可分割的整体，并注定将永远如此。就这样，和母亲与姐姐叶连娜一样，他也成了我足球之路上最热忱的支持者。军校，再也不见。

然而与此同时，我的家庭又有了新成员：一个小女孩。她比我更年轻，在人们的心里有着特别的分量。尽管未必会主动提要求，她在内心深处非常渴望被关心，渴望被爱包围。她是所有人的女儿，是人们企盼中的奇迹，是给予人们希望的小姑娘。她在我们身边成长，我们也在她的身边成长。在日复一日中，在沉默和拥抱里，我们相互教育、相互了解、相互尊重。我们长着同样的心，流着同样的血，有着同样纯净的灵魂。我们有着同样的愿望：找到彼此，并且永不分离。我们听到了那婴儿的第一声啼哭、第一滴泪水。那欢愉真切的泪水，也流淌在每个人的脸上，从亲朋好友到陌生路人，大家在那一刻的情感别无二致。我们紧紧抱着她，绝不想让她感到一点疼痛。我们被她的生命力所吸引：热情、灿烂而纯洁。

她的名字叫乌克兰，独立的乌克兰。

1991年8月24日，乌克兰正式宣布独立。

就在那个夏天，在莫斯科周边的小城卡希拉，我们参加了一项重要的全国青年锦标赛，并将奖杯带回了家。那也是我们在苏联时代赢得的最后一个冠军。当时的现状，距离全面崩溃只有一步之遥，剧变已经在地平线上浮现：街上的士兵和坦克越来越常见，即使是一名对政治并不了解的15岁少年，也能感受到“山雨欲来风满楼”的气息。

世界正朝着新的方向前进。在足球领域，各级别的乌克兰联赛应运而生。我和我的国家以相同的步调成长，我的国家需要在世界找到自己的空间，我则需要从球场上对手的防守中找到突破的道路。在迪纳摩二队，我踢了55场比赛，打进21球，其中12球是在单个赛季完成的，这也让我成了球队当赛季的最佳射手。主场比赛时，我们总是有很多观众。有一次，在乌克兰杯比赛中，足足有14000名观众到场。当时我们的对手是第聂伯罗（不是第聂伯罗二队，而是真正的一线队，他们当时在为争夺乌克兰顶级联赛冠军而战），我们在1/16决赛的首回合以3比1获胜，我在那场比赛梅开二度。那段时间，我不仅仅为适龄组别的乌克兰国青队效力，得到了三个不同级别国字号球队的征召，甚至还入选了乌克兰国奥队。我的工资也从每月50美元涨到了150美元，与父母的收入相比，这已经是一笔巨款，几乎让我感到有点不好意思。我希望在他们的目光中，我的表现配得上这笔收入。或者说，我最在乎的就是他们的目光。

说到目光，迪纳摩一线队主帅的目光也开始集中在我身上：约瑟夫·萨博于1993年来到基辅，他曾是迪纳摩队中的优秀球员，赢得过四次苏联联赛冠军和两次苏联杯冠军。在国家队，萨博在1972年慕尼黑奥运会上获得铜牌。我第一次入选一线队，需要感谢萨博，他在接过球队教鞭之后不久就征召了我。那是一次海外集训，地点是在挪威，我的一些二队前队友此前已经得到过类似的征召，比如门将亚历山大·肖夫科夫斯基和后卫弗拉迪斯拉夫·瓦修克，他们都比我大一岁多，都出生于1975年1月2日。对我来说，这就像收到了更上一层的邀请，我征得二队的同意后就上去了。来到一队后，我马上发现球员们和平时打交道的家伙都不一样：一队球员的速度更快、准备更充分、技术也更好，在场上能够在一瞬间完成思考。我得尽快学习，充分利用每一刻，同时努力提高记忆力，尽可能多地吸收经验、存储信息。对于一个粗枝大叶的小伙子来说，这可不是件容易事儿。我明白自己需要抓住一切机会，少说话，多观察。我能够感受到身体的疲惫，但同时乐在其中，因为我喜欢让自己浸染不同的工作文化。压力没有击垮我，反倒让我动力十足。这段短暂的经历结束后，我回到了二队，并在那里继续进球。

真正的转折点出现在1994年年底。当时，我开始真正在一线队得到机会，被征召的次数也越来越多。象征着幸福的日历上，密密麻麻地标记了很多个重要的日子。

11月2日，萨博征召我参加欧洲冠军联赛客场对阵巴黎圣日耳曼的比赛：对我来说，这绝对是前所未有的新奇经历。此情此景让我期待已久，却又一无所知，我体会到了其中的万般情感。我听到了那个旋律。那个旋律，那个所有球员都梦想过的赛前颂歌。那支巴黎圣日耳曼的主角是大卫·吉诺拉、拉易和帕特里克·姆博马，以及乔治·维阿。维阿在不久后会成为AC米兰的前锋，并会在日后当选利比里亚第25任总统。也正是维阿的进球，让主队以1比0结束了比赛。我在看台上体验了这个夜晚，但感觉就像自己进入了首发名单：一切都太疯狂了，在一支征战欧洲最重要足球赛事的俱乐部里，我是其中的正式一员。欧冠的魅力带来战栗感（我可以肯定那段旋律在现场听起来真的很美），这种感觉从此再未消失，而是在我的身体里自我滋养。当时，我激动得浑身发抖：要知道，两个月前我才刚满18岁！

11月5日，我代表迪纳摩一线队首次亮相，那是乌克兰杯1/16决赛，对手是科马尔诺的哈佐维克队。

11 月 8 日，我迎来了在乌克兰超级联赛的首秀，在顿涅茨克挑战矿工队。我从替补席开始比赛，教练在第 54 分钟让我披挂上阵，换下米哈伊尔 · 吉什卡里亚尼。说实话，当时我并没有特别兴奋，因为我心里很清楚，自己早晚会踢上顶级联赛，只是时间问题。

11 月 23 日，在莫斯科客场对阵斯巴达克的比赛中，我迎来了欧冠赛场上的首秀。

12 月 1 日，我在对阵第聂伯罗的比赛中，收获了自己的第一个联赛进球。

12 月 7 日，我在主场 25000 名观众的注视下，打进了自己的第一个欧冠进球，对手是乔瓦尼 · 特拉帕托尼执教的拜仁慕尼黑。

1995 年 3 月 25 日，在萨格勒布对阵克罗地亚的欧洲杯预选赛上，我首次代表成年国家队出场。

4 天后的 3 月 29 日，命运再次向我发出信号。我发现自己的对手变成了保罗 · 马尔蒂尼 —— 他是世界上最纯粹的“AC 米兰人”。我和他正面对峙，在场上展开竞速。那是我第二次身披乌克兰球衣出场，就是在基辅对阵阿里戈 · 萨基执教的意大利队。我们的教练阿纳托利 · 康科夫选择使用 4–3–3 阵形，我担任右边锋。因此，我经常会和马尔蒂尼对位，展开碰撞。那时我很年轻，速度很快，也很清楚自己的潜力，可那场比赛动摇了我的信心。比赛踢了几分钟后，我就不得不问自己：怎么才能过掉这家伙？在他的贴身防守下，我甚至没法停球。他对我进行滑铲，向我展开攻击，与我进行一对一，在我的面前传中。马尔蒂尼给我留下了深刻的印象，那场比赛也让我进一步获得了成长。每一次对信心的打击，都能被我转化为继续进步的动力。最终，我们 0 比 2 输掉了比赛，阿蒂利奥 · 隆巴多和吉安弗兰科 · 佐拉为意大利队进球。从那天起，无论是在训练还是在比赛中，每次有后卫试图从我脚下断球时，我都会想象他就是马尔蒂尼。带着这种执念，我希望自己能够达到他的水准。

在萨博治下，以及在米科拉·帕夫洛夫和奥尼先科的过渡期，我在迪纳摩赢得了联赛冠军和乌克兰杯冠军。

对我来说，萨博也是个“马尔蒂尼”，因为他也对我进行盯防，不会让我逃脱。有天晚上，我和队友们出去了，大概是去了基辅的一家迪斯科舞厅，我们没干坏事，但始终有人相伴。萨博派人跟踪并监视了我们——这才是令人窒息的“盯人防守”。基辅的夜店保安有个坏习惯：当他们看到足球运动员进门，会首先打电话给俱乐部主席的保镖，之后教练也会收到通知。萨博是否会对我们进行宽大处理？想都别想。他想要了解我们的一举一动，我们能在脖子上感受到他的鼻息，如果缰绳放得太远，他就会用力把我们拽回来：回窝里去，伙计们！

当年，我们对他的这种风格嗤之以鼻，难以理解，以至于无法忍受，但多年后我明白了：他其实只是想保护我们，为此我要感谢他。他就像一面盾牌，帮助我们抵御大大小小的各种危险，其中也包括汽车。当时，我们 18 岁才可以开车，可我在 18 岁生日前几个月就买了一辆——这么说吧，我选择“跑在时代前面”。那是辆拉达 2109 型，红色的，我买车的事儿自然被发现了。我很难抵御速度的诱惑，所以在还不能开车的时候就握起了方向盘，萨博可不喜欢这样。我们为此吵了多少次，他又责备了我多少次！即使在球场上，他也是个非常情绪化的人，有些冲动，经常起高腔。他习惯意气用事，有时会对我们大喊大叫，希望自己得到重视。

相比之下，帕夫洛夫更加冷静、温和，他对球队的态度和管理方式与萨博相反。他帮助我成长，我和他建立了经过岁月考验的持久关系。我一直觉得，帕夫洛夫是个正直、有原则的人，是个好人。

在我初升一线队的那段时间里，萨博（他一度同时执掌国家队）、帕夫洛夫和奥尼先科轮流坐在迪纳摩的教练席上。体育年鉴如此记载：萨博在 1994 年 1 月和 1994 年 12 月 7 日之间挂帅，奥尼先科从 1994 年

12月干到1995年4月，帕夫洛夫的任期从1995年4月到1995年6月，之后又是萨博，他从1995年7月执教到1996年12月。

几位主帅的风格完全不同，那段激荡的岁月，我和锋线的完美搭档塞尔西·雷布罗夫一起度过。我是在国奥队认识雷布罗夫的，他是当时的“金童”，比我大两岁，为我融入球队起到了至关重要的作用。和我一样，他也是年少成名，所以他能够完美理解我的想法、感受我面临的困难、领会我藏在内心说不出口的问题、触及那些难以解决的深重顾虑。我们成了朋友和好搭档，彼此间的默契显而易见。这种默契可不是一开始就有的，因为我起初相当自我，甚至可以说是自私：我想要炫耀自己的才华，展示自己的强大和优秀。雷布罗夫向我解释道，这样做对球队不利，我最好能让自己的踢法与队友相适应，在某些情况下应该多传一脚球，少射一次门。我接受了他的建议。从此，我们在场上总能完美地理解对方，就好像天生互补一样。他很擅长跑位，总能和我配合，我们对足球的看法也是一致的。

集训期间，我去他的房间找他，但感觉就像进入了科学家的秘密实验室，或是探险家的私人基地。那里有的是奇怪的设备，到处都是天线、按钮和地图，而且他还不爱睡觉。他是个无线电爱好者，喜欢通过无线电与世界各地的陌生人取得联系。雷布罗夫完成训练，吃完饭，回到自己的房间，就不再说自己的母语。他开始使用英语，通过无线电与同道中人进行交流。这可是一项很耗精力的活动，占据了他晚上的大部分时间。他的休息时间很少，场上的进球却很多，他还声称这一爱好帮他消解了赛场上的压力，所以就这样也挺好。

雷布罗夫曾经和我们讲过，自己一度通过无线电捕捉到了来自空间站或北极的声音。这么多年里，他似乎还以业余操作员的身份，在无线电赛事中赢得过欧洲和世界级别的冠军，据说他有一次在48小时内建立了5500次通信。他认识每个人，但并不真正认识任何人，他坐在迪纳摩的集训营地，但他的对话没有边界，而我经常陪在他的身边。戴上耳机之后，他马上沉浸在另一个维度里：那是个更加国际化的平行维度，他可以在其中发现各种故事，找到其他对话者。他的融入能力非比寻常，在面对电波另一端的陌生人时，他总能找到合适的话题来破冰。这关乎性格和调频，关乎他的激情。

然而在球场上，他的波长和我的完全一致。我们彼此情投意合，只需要一个眼神就心领神会。我不知道雷布罗夫是否也能接收到来自科威特足协的信号，因为在某个时点上，他们的主帅选择了辞职，并成了我们的教练。

人们叫他“上校”。

第七章

“上校”

瓦列里·瓦西里耶维奇·洛巴诺夫斯基曾在苏联警察局服役。他被称为“上校”并非偶然。

在球场上，我就是“上校”的忠实战士。他触动了我，让我沉迷。对我来说，他代表了真正的一切。我接受指示，执行命令，努力工作，成长进步。如果没有他，我不会是今天的我，也绝不可能成为今天的我。我为了他投入战斗，努力工作，直到汗水浸透、沾满泥土，因为通往荣耀之路不可能是康庄大道，必须不畏艰险、努力攀登。他是一位传道者，传递牺牲精神，也传递播种与收获。他的训练就像是耐力测试，将人逼到身体极限，逼到精疲力竭。当你的最后一块肌肉都在发出哀鸣，当你感到自己快要累到死去，你反倒会在那一刻重新焕发。他赋予你运动层面的永生。

他曾经在1973年至1982年和1984年至1990年两度执教迪纳摩，两次赢得优胜者杯冠军，并帮助奥列格·布洛欣获得了1975年的金球奖。出于尊重和感激，俱乐部一直在球场里保留着他的那间办公室，所以对于他来说，回到球队执教就像是回家，正如1997年1月1日发生的那样。那一天，他再次拾起了球队的教鞭，至少是在官方层面上，因为实际上他早在几周前就已经开始执掌球队。1996年年底，他已经安排了与队内所有球员的一对一谈话，自然也包括我。我真正与他第一次面对面，也正是在那次谈话中，尽管在此前我对他已有相当了解，但只是通过别人口中的故事，而那些故事往往会导向神化和崇拜。

“安德烈，来吧，我有话要和你谈谈。”

1996年最后几个月对我来说并不容易，因为8月7日我在维也纳受了伤。当时，我们要在欧冠资格赛对阵维也纳快速，首回合比赛前五个小时，我在酒店弄伤了自己。我从床上下来，不小心踩到了掉在地板上的电视遥控器。那是一次愚蠢的事故，却造成了严重的后果：我的半月板破裂了。当时，我甚至站不起身，膝盖马上肿了起来，却还是想办法去恩斯特·哈佩尔球场看了那场比赛，我们0比2输了，斯坦普夫和古吉为奥地利人进球。这让我很难接受，我本来想踢球、进球、帮助队友赢球。失望和愤怒交织在一起，除了肉体的伤痛，我还要忍受精神上的痛苦，脑子里尽是消极的想法。当晚，我们回到了基辅，我从机场被直接送到了医院，接受了职业生涯的第一次手术。第二天，爸爸妈妈来看我，发现我心情非常低落，沮丧又消沉，眼前的万物都变得黯淡无光。时光流逝，他们又一次在关键时刻给了我至关重要的支持。当我感到流沙从四面八方袭来、几乎要将我淹没的时候，他们一直紧紧攥着我的手。每一次尝试复出，我都必须与大大小小的伤情复发做斗争。与此同时，萨博一边等着迪纳摩官宣洛巴诺夫斯基的接任，一边接过了乌克兰国家队的教鞭，他征召我随队在世界杯预选赛客场挑战葡萄牙，比赛在11月9日的波尔图进行。前往客场的航班飞了四个小时，起飞时我的状态还很好，等到飞机着陆时，我的膝盖里又充满了积液。那是艰难一年中的又一次打击。我回到了基辅。

“安德烈，你感觉怎么样？”

“正在变好，瓦列里·瓦西里耶维奇……”

你必须以这种方式称呼洛巴诺夫斯基，名字再加上父称——瓦西里耶维奇，为的是表明对方与父亲的联结纽带，这是一种尊敬的称谓。他的办公室简单而粗糙，这反映出他的个性。房间里仅有的物件就是散落在各处的一些奖杯、一块写满战术的黑板和一张摆满文件的桌子。他见到我之后马上坐下，我也随即坐下，面对着他。

“安德烈，我看过你踢球。你的条件很好，潜力很足，但你在球场上需要踢得更清楚。你必须在精神和身体双重层面做好准备，才能在我的迪纳摩踢球。你需要全心全意地投入足球，为了进步而倾尽全力，除了考虑自己的事情，还要为他人着想。我相信你，但我要求你必须遵守纪律。”

我想到了什帕科夫，他是第一个这么要求我的教练。

“谢谢您，瓦列里·瓦西里耶维奇。”

他话不多，但言简意赅。他总是开门见山，先靠话语让我劲头十足，再用训练榨干我的能量。那可是真正的魔鬼训练！去德国进行第一次集训之前，我们在基辅停留了10天，进行第一阶段的准备训练，特点是一天两练。每天早上，我们在迪纳摩训练中心见面，全队被分成两组：一组在零下10摄氏度的户外练长跑和短跑；另一组则在室内进行有氧健美操。我们都惊呆了：我们可是一支足球队，为什么还要练健美操？每次团操持续40分钟，中间没有休息，背景音乐很吵。随后，两组人员进行互换。下午，我们都练得有点累了，有球训练才终于开始。训练的强度越来越大，没有人能得以喘息。此外，我们还经常进行体测：我们需要分段跑4个400米和5个300米——跑步，跑步，再跑步！中间有短暂休息和距离变换。来到德国开始集训之后，训练的强度进一步增加，变成了一天三练，这种节奏持续了近一个月，就像是真正的军训。

6点45分，闹钟准时响起。

7点整，我们开始45分钟的跑步，或者去健身房进行训练，教练在那里设置了不同的训练器械。工作模式是这样的：你必须在一个器械上训练30秒，然后休息30秒，之后前往下一个器械。这是一条真正的受苦之路，我们背着沉重的十字架蹒跚前进。那就像一条产品装配的流水线，最终产品——基辅迪纳摩。

10点，我们可以去吃早餐了。

10点30分，洛巴诺夫斯基在球场上等待我们，开始当天的第一节有球训练。训练过后，我们进行淋浴，再回去休息。

16点，闹钟再次响起，我们开始第二节有球训练，直到18点。之后，我们再次淋浴、吃晚餐、接受按摩，然后返回房间。一头倒在床上时，我们都累散架了，除了雷布罗夫，他开始摆弄他的无线电。

我们的教练非常严厉，他为我们安排了疯狂的训练量，且不能容忍任何精神松弛或注意力不集中的情况。他身边的几名助手则关注着我们的训练表现，不会放过任何细节。他要求我们竭尽所能做到最好，越看到我们疲累，就越强迫我们继续训练。在他看来，带球过人是足球比赛的基本组成部分，所以他为我们安排了大量的一对一训练：一名球员必须在保持对球控制的同时，过掉面前尝试断球的队友。他带来了革命性的变化：作为第一个开始使用计算机的教练，他与第聂伯罗彼得罗夫斯克运动科学研究所的阿纳托利·泽连佐夫一起开发了一个程序，通过测量每个球员的场上移动，来对比赛进行分析。他命令我们进行一切训练：带球跑、无球跑、跳跃……以及他发明的各种魔鬼训练法。不得不提的还有所谓的“死亡爬坡”：那是一条坡度为16度的路线，我们需要在这条坡道上反复升降，数不清多少次。几乎每个人在冲过终点线之前都呕吐了，我从来没有，即使在抵达终点后也没吐过。没有呕吐的人将会在比赛中成为首发，如果所有人都呕吐了，首发就给吐得最少的人。我从来没想过放弃，那些严酷的训练刺激着我。我喜欢这种劳累感，我需要它。

他是个固执的人，喜欢读哲学著作，总是反复说道："没有今天的刻苦训练，就没有幸福的明天。"那些没机会认识他的人，不会知道自己究竟错过了什么。他是一个天才，一个有远见的人，一个颠覆性的人，一个完美主义者。他破坏了陈规，发明了时空穿梭的机器。我曾经看到著名球员伏在他脚边哭泣，恳求他早点结束训练，得到的总是断然拒绝。在我个人的时间线上，洛巴诺夫斯基的出现意味着那个"元年"，两端分别是"洛元前"和"洛元后"。他是我的榜样，我的罗盘，我的信仰。他是个心理学家，帮助我强韧了意志、戒掉了烟瘾。他是那块让我扎根的土壤，让我变得更可靠、更稳定。德国的那次集训过后，我们又在以色列集训过一次，强度丝毫未减。

在他麾下，我们立即赢得了冠军，在联赛中提前四轮夺冠，最终领先亚军顿涅茨克矿工 11 分。赛季尾声，我的膝盖出现了一些问题（是另一个膝盖，而不是 1996 年接受手术的那个），因此需要进行一次清洁软骨碎片的小手术。那个赛季结束后，新赛季很快就要开始，我的队友们又出发去克里米亚的雅尔塔，进行了为期 10 天的集训。我则留在基辅接受康复治疗。等到队友们都结束集训返回基地时，我感觉已经好多了，洛巴诺夫斯基把我叫到了办公室：

"安德烈，从现在开始，我将为你专门安排一名医生和一名教练。这里是训练计划表，如果你想重新参加合练，请务必严格遵守。"我看了下，这个计划表与飞往雅尔塔集训的队友们拿到的几乎完全一样，唯独有一处不同：他们当初用来完成所有训练的时间比我多 3 天；而对于我，教练只给了一周的时间，同时送上警告："任何事情都不能出错，只有这样你才能回归赛场。"一周的训练结束后，我还得进行一次测试，以证明自己已经做好准备。我必须在体育场连跑 5 个 300 米，每两次之间有 3 分钟的休息，总用时不能超过规定标准，时间卡得非常紧。我成功了，我的膝盖挺住了，但最后的 300 米就像是《绿里奇迹》里死刑犯行刑前走过的那段不归路。那感觉太可怕了，路途似乎永无尽头，我感

《BARÇA：巴塞罗那俱乐部官方传记》
作者：[西]吉列姆·巴拉格 译者：虎扑翻译团

《曼城俱乐部官方传记》
作者：英国曼彻斯特城足球俱乐部 译者：何小毕

《曼联俱乐部官方传记：红魔英超三十年》
作者：英国曼彻斯特联足球俱乐部 译者：何小毕

《红黑荣耀：AC 米兰传奇功勋志》
作者：《体坛周报》

《红蓝荣耀：巴塞罗那传奇功勋志》
作者：《体坛周报》

《皇家荣耀：皇家马德里传奇功勋志》

《狼王：托蒂自传》
作者：[意]弗朗切斯科·托蒂 [意]保罗·孔多
译者：朱晓雨 陈坚

《硝烟之子：莫德里奇传》
作者：[西]文森特·阿兹塔特 [西]何塞·曼努埃尔·普尔塔斯
译者：汪天艾

《我的职业足球之路：穆勒自传》
作者：[德]托马斯·穆勒 [德]尤利安·沃尔夫
译者：吕楠 译

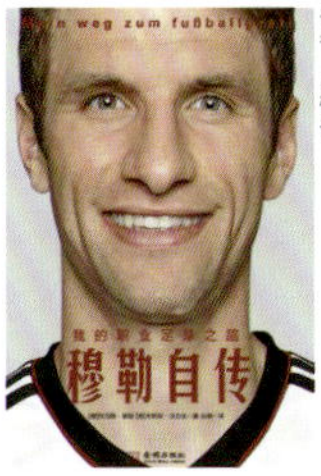

《我的成长，我的热爱：孙兴慜自传》
作者：[韩]孙兴慜 译者：宋青云

《C 罗列传（特装版）》
作者：苗霖

《那些年，我们一起追的球星：

《我的转身：克鲁伊夫自传》
作者：[荷]约翰·克鲁伊夫 译者：陈文江

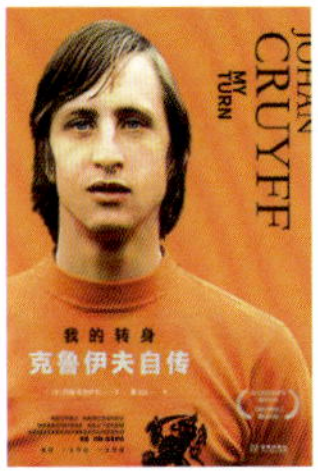

《赢家：齐达内传》
作者：[荷]帕特里克·福特 译者：何小毕

《我的红白人生：温格自传》
作者：[法]阿尔塞纳·温格 译者：颜强

《亚历克斯·弗格森：我的自传》
作者：[英]亚历克斯·弗格森 译者：颜强 田地

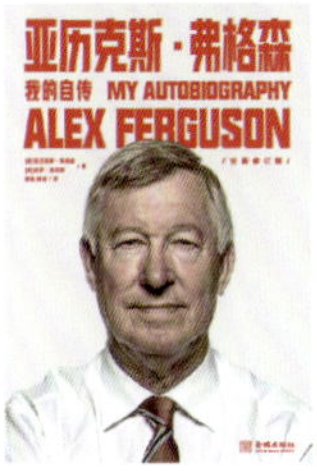

《我，就是足球：伊布自传》
作者：[瑞典]兹拉坦·伊布拉西莫维奇 译者：《天下足球》

《艺术大师：伊涅斯塔自传》

《剑道：雷·阿伦自传》
作者：[美]雷·阿伦 译者：虎扑篮球 三猎

《硬核第六人：伊戈达拉自传》
作者：[美]安德烈·伊戈达拉 译者：林子诚

《波什自传》
作者：[美]克里斯·波什 译者：戴高乐

《加内特自传：铁血信条》
作者：[美]凯文·加内特 [美]大卫·瑞兹 译者：三猎

《永不妥协：罗斯自传》
作者：[美]德里克·罗斯 [美]萨姆·史密斯
译者：余焱琳

《一生热爱：韦德自传》
作者：[美]德维恩·韦德 译者：三猎

《乔丹法则》
作者：[美]萨姆·史密斯 译者：孙彦川

《休斯顿火箭队官方传记》
作者：休斯顿火箭队 译者：腾讯体育

《梦之队》
作者：[美]杰克·麦卡勒姆 译者：于嘉

《永不退场：蒂姆·邓肯传（告别版）》
作者：张佳玮

《THE ANSWER：阿伦·艾弗森传》
作者：张佳玮

《侠道：韦德传》

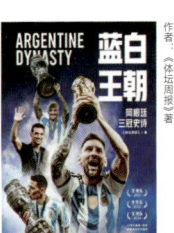

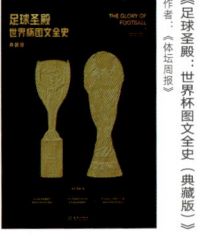

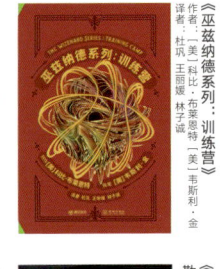

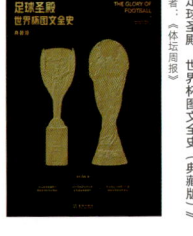

觉自己在燃烧，被火焰和疲劳炙烤。双腿已经不由自主地慢了下来，脑海中却还在赛道上飞驰。我凭着惯性和意念继续前行，靠意志驱动着自己，因为体能当时已然见底。我付出了全部，甚至比全部更多。这次经历让我又学到了生动的一课：你以为的自我极限，实际上是一个新的起点。

“上校”在直道终点等我：“安德烈，明天你回去和其他人合练。”

“谢谢您，瓦列里·瓦西里耶维奇。”

我用剩下的最后一口气，念出了他的名字。不管怎么说，这总是值得的。

第八章

帽子戏法

如果洛巴诺夫斯基是一份礼物——从某种意义上来说确实如此——他看起来就会像算命先生使用的水晶球一样。当我关注这个伟大人物的内心，我看到了未来。我明白他注定会改变我的生活。只要听他的话、按他说的做就够了，但不能怕苦怕累。如果我能做到，足球天堂的大门就会为我敞开，从身体和精神层面上，我都渴望体验那座“天堂”的生活。事情最终也是这么发展的。当时，我打定了主意：倘若未来我会离开他的迪纳摩，只可能是为了转会至欧洲顶级俱乐部；与此同时，我也得加倍努力，争取有朝一日以主角的身份加盟豪门俱乐部。

7月份，我又开始随队训练，但还是错过了欧冠预选赛首轮对阵威尔士球队巴里镇的比赛，不过，我们不费吹灰之力就淘汰了对手。之后，教练给我打来电话。

“安德烈，我看你好像已经准备好了。你的感觉如何？”

“我感觉很好，瓦列里·瓦西里耶维奇。”

“那我就让你上场比赛。”

“谢谢您，瓦列里 · 瓦西里耶维奇。”

1997 年 8 月，我重返赛场，在欧冠预选赛第二轮，也是最后一轮的预选赛，对阵丹麦球队布隆德比：第一回合我进了球，我们客场 4 比 2 获胜，第二回合我们在主场 0 比 1 输球，但仍然顺利挺进了欧冠正赛。那场盛大的足球聚会上，终于也有了我们的位置。我喜欢欧冠的一切：赛事氛围、参赛球队、球星阵容、开场旋律、空气的震颤、辉煌的历史、空白的未来、强烈的情感。如果你想成为真正的强者，就必须参与这项赛事，并以某种方式留下自己的印记。对于迪纳摩来说，他们尤其被一种强烈的复仇欲所驱使，渴望能够重新崛起：因为在 1995 年，球队因试图在对阵帕纳辛奈科斯的比赛中贿赂裁判，被欧足联实施了禁赛一年的处罚。

欧冠之夜对我来说是一把尺子，让我衡量自己的实力，也衡量自己的进步。灯光亮起，舞蹈开始，我们被分在了 C 组，同组球队有巴塞罗那、纽卡斯尔和埃因霍温。起初，我们的背上贴着一个标签，尽管我们自己看不到，但很多专家都读出了这样的字眼：被献祭的牺牲者，抑或是陪太子读书的配角。可我们并不是。小组赛首轮，我们在荷兰客场对阵迪克 · 艾德沃卡特的埃因霍温，我们 3 比 1 取胜，我也打进一球。那场比赛，我们的对手阵中有雅普 · 斯塔姆坐镇，我很难相信一名后卫的身形可以如此庞大，就像个巨人，可我还是在第 90 分钟打进了一个漂亮的进球：那是个禁区外的弧线球，瞄着远门柱旋入球网，来自德米特罗 · 米哈伊连科的助攻。当时，我还穿着迪纳摩的 10 号球衣。次轮，我们主场对阵纽卡斯尔，我和雷布罗夫双双破门，帮助球队在上半场取得了 2 比 0 领先，但下半场他们将比分追成 2 比 2 平。雷布罗夫和我都创造出了一些进球机会，这本可以让迪纳摩主场取胜，但当球在我脚下时，我没有选择把球传给他，而他也没传球给我。那场比赛，我们就像一对没有默契的双胞胎。比赛结束后，我们很晚才离开更衣室，坐上同一辆车去餐厅。车刚驶离球场，雷布罗夫就打破了沉默。

“安德烈，如果今天我们相互给对方传球，我们本来能赢……”

他一边开车，双手紧紧地握在方向盘上，一边用眼角的余光看着我，捕捉我的反应。我就坐在他旁边。

“你说得对，塞尔西。”

“安德烈，我们不能踢得这么自私，再也不能。其实我们之前已经讨论过这个问题了，我需要向你道歉。”

“是我需要向你道歉。”

我们慢慢前行，车子从人群中穿过。就在我们周围，男人、女人和孩子排着长长的队列行进。由于已至深夜，地铁班次装不下这么多人，他们只能步行回家。在那一刻，球场里为我们加油助威的十万名观众，似乎都出现在我们的车前。

“安德烈，你看到有多少人了吗？”

“难以置信。”

“我们本可以给他们带来巨大的欢愉。对了，你有没有发现，他们的表情都很开心？”

我一开始没注意到。尽管我们没能击败纽卡斯尔，人们依然很高兴。他们对迪纳摩充满信心，带着骄傲来看我们的比赛，他们关注着我们的表现，为我们全力加油，尽情享受着比赛。他们值得拥有更好的球员，而不是两个自私鬼。

“下不为例，安德烈。”

“下不为例，塞尔西。”

就这样，我们达成了牢不可破的协议。和队友们一道，我们变得越来越强，踢得越来越好。下一个付出代价的，是路易斯·范加尔的巴塞罗那，我们在 1997 年 10 月 22 日和 11 月 5 日和他们背靠背踢了两场。在基辅，我们完全压倒了他们，尽管他们的首发阵容中不乏路易斯·菲戈、里瓦尔多和路易斯·恩里克这样的球星，我们还是以 3 比 0 大胜，雷布罗夫、马克西莫夫和卡利特温采夫分别破门，而我击中了一次立柱。我们向巴萨疯狂施压，而洛巴诺夫斯基的战术发明之一，也开始结出硕果：曾经和我在迪纳摩二队一起踢前锋的安德烈·古辛，被挪到了后腰位置上保护防线。他是那支球队的股肱之一，可惜在41岁时就因摩托车事故英年早逝。

雷布罗夫和我重新找到了搭档的默契，我们感觉自己就像教练营中的火枪手：我们为所有人而战，所有人都为他而战。整座城市都陷入了疯狂，基辅人民走上街头庆祝了两天，我们球员聚集在城里最好的歌厅，但我没有唱歌。那是怎样的音乐！瓦列里·瓦西里耶维奇大师将迪纳摩队改造成一支踢法漂亮、结构紧凑、侵略性十足、擅长反击的球队。当初在漫长的集训中，我们没有抱怨，我们彼此需要；没有休息日也不是问题，在训练的空闲时间里，我们喜欢靠打牌来放松。

实际上，最美妙的篇章尚未开启，因为我们还要去诺坎普踢球，这次轮到巴塞罗那踢主场了。当时，我们士气正盛，比赛当天从床上醒来时，我的感觉非常好。从房间的窗外望去，我看到了美丽的晴空，灿烂的太阳象征着好运，那景象就像一块画布，非常适合在上面描绘。早上，我们离开酒店，去球场进行赛前训练，气温已经接近20摄氏度，而当时的基辅超过5摄氏度都算是个奇迹。我们感受到了内心的春天，所有的线索都指向同一个情景：我们即将开出灿烂之花，迎来黄金时代，当然永远是作为一个集体，从不例外。当我踏入诺坎普球场时，一切看起来都巨大无比，但我并不害怕，一直保持冷静。扬声器里流淌出的音乐，让我在聚精会神的同时也能放松下来。洛巴诺夫斯基不喜欢在赛前说太多话，可那一次，他的沉默显得各位神圣。比赛开始了。

第9分钟，我们1比0领先，来自我的进球（头球）。

第32分钟，我们2比0领先，又是我的进球（又是头球）。

第44分钟，我们3比0领先，还是我的进球（这次我在禁区内遭到犯规赢得的点球）。

在半场的时间里，在足球圣殿中，我上演了帽子戏法。当时我21

岁。球队第 4 个进球出现在下半场，由雷布罗夫打进。多亏了基辅的那个夜晚，我们搭起了一座桥梁，将彼此联结在一起。比赛结束后，我回到更衣室，洛巴诺夫斯基走了过来。

“这只是个开始，安德烈。你正在达到精英级的水平，但一定不要停下脚步，永远不要满足于此。”

“谢谢您，瓦列里 · 瓦西里耶维奇。”

然后我开始自言自语，就像疯子一样。实际上，尽管表情看起来可能一如平常，当时我已经欣喜若狂。我对自己强调道：“你一生都不会忘记刚刚发生的事情。这是你的展示橱窗，是你的大好机会，是你的舞台，是你的完美演出。”我幻想出另一个自己，并以“你”相称。球场外，巴塞罗那球迷给了我们真诚的掌声，在我心中那也是最美的画面，就像我的帽子戏法一样。他们对我们报以尊重。回到基辅时，我们受到了英雄般的欢迎。对我来说，一切都变得不同了。我的手机开始响个不停，经纪人如雨后春笋般出现在我的身边，他们自我推销，希望与我合作，并向我夸下海口。

“我能让你加盟尤文图斯！”

“我能让你加盟皇家马德里！”

“不，跟我来，去拜仁慕尼黑！”

他们似乎在比赛谁吹的牛更大，但我拒绝了所有人。对我来说，迪纳摩就是家，我还没到离开家门的时候。在家里，我什么都不缺。当然，我乐于看到人们对我津津乐道，毕竟我刚刚向全世界介绍了自己：“很高兴认识你们，我叫安德烈，我是足球运动员。”风也可以从东边吹来，我就是例子。

最后两场小组赛，我们先是在基辅 1 比 1 战平埃因霍温，随后在圣詹姆斯公园输给纽卡斯尔。在英格兰，我们 0 比 2 落败，但比赛结果已经无关紧要，我们已经提前确保进入 1/4 决赛，即将遇到的对手是马尔切洛 · 里皮执教的尤文图斯。我们后面会聊回欧冠的故事，但需要等到冬歇期结束，以及——最重要的是——等到冬季集训结束，这一次的目的地又是以色列。理论上，这次集训的目的是为赛季后半段储备充足的能量；实际上，我们必须遵循“上校”制订的魔鬼训练计划。这么说吧：我们得进一步调整体能状况。洛巴诺夫斯基当时身体不太好，他在三楼的房间里管理我们的训练，从那里可以俯瞰整个训练场。他从上面发号施令，居高临下地控制我们。有些日子里，他为我们安排的项目中包括无球跑 200 米。

接下来是 400 米，然后是 600 米。

然后是 800 米。

然后是 1000 米。

跑完这一段，永远还有下一段，我们必须不断冲向终点，并始终保持高速，似乎正在为奥运会田径比赛做准备，尽管不必参加正赛。与此同时，在场边不起眼的角落里，我总是注意到一张陌生的面孔。日复一日，他每天都在那里，似乎特别关注我和我的训练。给人的感觉是，他正在不动声色地观察我的一举一动。我感觉自己受到了监视，而每次训练一结束，他马上就会消失。我越来越好奇：这个人到底是谁？所以有一天，在坐电梯上三楼回到房间之前，我在电梯门口专门等着他。我让队友先上楼去，之后看到他远远走来，径直向我走来。他走到我身边，只说了一句话：“早上好，安德烈，我了解你的一切。现在我必须启程前往意大利，但我们还会再见的。”我没有回答，一半是出于害羞，一半是出于惊讶。他到底从哪儿来？又要到哪儿去？空气中充满了神秘感。

他的名字叫雷佐·乔霍内利泽，曾经为 AC 米兰工作。

第九章

雷佐

当球队从以色列的集训回来后，我发现这个人变得无处不在。

在基辅训练期间：他在那儿。

在欧战比赛期间：他在那儿。

国家队征召期间：他还在那儿。

那时，我已经发现了他，记住了他的面孔，于是去收集他在场的证据了。他行事低调，但始终如一。他保持着距离，但从未远离我。他是我年长的影子，是我的贴身保镖，是我向着梦想不懈前进路上的通行证。

我得到了他的相关信息。

雷佐于 1948 年 12 月 21 日出生于格鲁吉亚的第比利斯。他曾效力于家乡球队第比利斯迪纳摩，后来效力于彼得格勒迪纳摩队，并成为队长。他随苏联队连续两次获得 U17 欧青赛冠军，也曾经入选过苏联国奥队。20 世纪 80 年代，他进入莫斯科教练学校研习足球。球员时代，他是一名出色的左后卫；那时候，他盯防的对象显然是我。从足球角度来说，他当时甚至已经跟踪我一年半了，显然隐蔽得非常好。最重要的是，他严格遵循与基辅迪纳摩和AC米兰两家俱乐部的管理层达成的私下协议：他可以代表意大利人考察我的表现，但不能直接与我联系。他向米兰提交的上千份报告，在日后成为一段传奇，但仅限于知悉此事的小圈子里。与此同时，为了更了解情况，我也开始化身夏洛克·福尔摩斯，并且得到了一些关键情报。我还从别人口中得知，我在巴塞罗那上演帽子戏法后，伊塔洛·加尔比亚蒂写了一份关于我的分析报告，当时他是“红黑军团”的球探，日后会长期在法比奥·卡佩罗的教练组任职。那是些优美的字眼，来自一台老式打印机：

“该球员身体非常强壮，有球和无球速度都很快。他很有想象力，双足能力均衡，善于进球，头球也很强。他可以胜任锋线的各个位置，从纵深区域发起进攻的能力相当罕见。考虑到他还很年轻，他在场上的轻盈自如让我尤其印象深刻。他是颗冉冉升起的足坛新星。无须多言，他符合米兰标准。”

最后一句话是用大写字母写的。即便如此，我在日常的训练和比赛中并未因此分心，一切如同往常。如果说有什么变化的话，那就是我对自己越来越有信心了。

随着欧冠重新启幕，我们前往都灵，在1/4决赛首回合比赛中客场挑战尤文图斯。我第一个见到的人就是雷佐，这意味着他和洛巴诺夫斯基（他那时已经康复）以及迪纳摩队主席伊戈尔·苏尔基斯和格里戈里·苏尔基斯两兄弟混熟了。他们在一起聊天、会面、讨论事情。拼图上的每一块都已到位，所有主角都在努力拼凑出完美的图景，而我也必须尽自己的一份力，在比赛中好好表现，即使这一次是在阿尔卑斯球场，难度非同小可。我们的对手是因扎吉、齐达内和德尔·皮耶罗的球队。最重要的是，我得面对蒙特罗的防守，而在我即将接球、或刚刚停球时，他们马上会过来第二个人进行包夹。

这次，我没法打出反击了。里皮精心制订了防守我的计划，毕竟他一直都是大师级的主帅。他们减缓了我的节奏，让我没法发挥出真正的水准，比赛最终以1比1结束。此外，我们当时刚刚结束冬歇期，因此身体层面远不在最佳状态。次回合比赛，情况变得更糟，尽管记分牌上直到第65分钟都还是1比1，我们最终在基辅以1比4惨败，因扎吉上演帽子戏法。我们被淘汰了，尤文图斯则一路杀进决赛，最终被皇家马德里靠米亚托维奇的进球击败。失利令人沮丧，却也让我们收获良多，特别是在情感层面上：我们明白要想在欧洲赛场上真正扬名立万，就需要取得更大的突破。我们得继续加油，有洛巴诺夫斯基在身边，无须担心汗水挥洒得不够多。努力训练是我们的日常，也帮助我们取得胜利，1997/1998赛季，我和队友们卫冕了联赛，赢得了自己的第二个乌克兰杯冠军，并打进了33球。具体来说：在联赛，我收获了19粒进球，射手榜上仅次于雷布罗夫；在乌克兰杯，我以8粒进球摘得射手王荣誉；在欧冠，我在10场比赛里攻入6粒进球。如果愿意的话，我还可以再加上独联体杯的3粒进球，这项赛事由许多苏联加盟共和国的联赛冠军参加，而我在基辅迪纳摩3次捧杯。比如，正是通过这项比赛，我们发掘了第比利斯迪纳摩的后卫卡哈伯·卡拉泽：1998年1月，他加盟基辅迪纳摩，成为我们的队友，并在日后成为我个人的挚友。

抉择的时刻即将到来。在意大利，媒体开始报道AC米兰对我的兴趣，而在一段非常短暂的假期过后，半个欧洲的经纪人都开始对我展开追逐。1998/1999赛季开始时，我主动要求在球场里的办公室与苏尔基斯兄弟聊聊，并得到了这次会面。我和他们一直始终相互尊重，关系也自然一直很好，因此我们的交谈也非常坦诚。我率先开了口：

“我知道AC米兰正在关注我，还有些其他球队……”

“不用说下去了，安德烈。我们想让你在球队再留一年。”

“然后呢？”

“然后，如果有豪门为你开出合适的报价，我们会通知你，之后把你卖掉。”

“其实我也很乐意留下来，我在这儿感觉很好，你们也知道。对我来说，这里就像家一样，我也爱洛巴诺夫斯基。但与此同时，我也希望对不久后的将来心里有底。”

实际上，我当时正在要求为自己在迪纳摩的最后12个月加薪。

“好吧，安德烈，我们会如你所愿，让你心里有底。”

他们还给了我一辆路虎揽胜。我开着它穿过基辅的街道，不太在乎限速规定。理论上，我其实可以开着它一路前行，直到罗马。直到罗马，他们都渴望我的加盟。当时的罗马主帅是兹德内克·泽曼，他在意大利以高强度的训练而闻名，他让球员们在体育场的台阶上跑上坡，可对于习惯了每天遵循“上校”训练法的球员来说，这就像是日常散步。我的真实想法是马上转会意甲，可我已经和苏尔基斯兄弟握了手，保证自己会留下来。洛巴诺夫斯基也发表了意见：“现在转会还早，再等一年吧。”因此，俱乐部对我的转会意愿说了“不”。不过在那个时点上，考虑到具体情况和所做的承诺，“不”是唯一的答案，也是最公平、最正确的答案。

帕尔马也对我发动了攻势。当时的俱乐部老板是企业家卡利斯托·坦齐，他在乌克兰开设了一家工厂，因此签下我对他来说具备超越竞技本身的战略意义。除此以外，阿贾克斯、曼联和尤文图斯也在研究签下我的可能性。我没法对他们点头，而AC米兰的名字越来越多地浮现在我的脑海中。AC米兰开始占领我的思绪，挑弄我的灵魂。命运无法改变，也不能停止，它必须沿着既定的轨道运行。雷佐是我的未来使者，但电码依然不声不响，能做的只有等待。

我遇到了一个新问题，新赛季开始了，可我不再进球，即使是误打误撞也没法把球打进。我很慌，之前从没遇到过这样的情况，球队的欧冠资格也受到了威胁。在欧冠预选赛第二轮也是最后一轮预选赛，我们的对手是布拉格斯巴达：1998年8月12日，我们在主场首回合以0比1落败；而在8月26日的次回合比赛中，我们直到终场前两分钟才打破僵局，靠的是加布里埃尔的乌龙球。当时我接到球起脚射门，加布里埃尔就在我身边，球被对方门将挡出，随后却反弹到他的队友身上弹入球门。进球万岁，但进球不是我的。我跑向角旗区滑行庆祝，但我也清楚那球究竟是怎么进的，我假装庆祝自己的进球，为的是借此提振士气。那之后我们进入点球大战，我在点球点前也犯了错，幸运的是德米特鲁林罚进了制胜球。我还记得那一瞬间炎热的天气和漆黑的天空，暴风雨的前兆在地平线上清晰可见。比赛结束后不久，倾盆大雨从天而降。第二天，布拉格的报纸上写道：那场雨是为被淘汰的球队流下的泪水。我没有哭，但进球荒开始让我担心。所有球队都想得到我，可进球却抛弃了我。我的不开心被洛巴诺夫斯基看在眼里，他邀请我到他的房间里谈心。

“安德烈，你必须冷静下来。很明显，你现在心情低落，但你得集中精力。我对你非常相信，这将是你决定性的一年。”

“谢谢您，瓦列里·瓦西里耶维奇。”

我走出了困境。那位伟大人物的话语，让我从中受益匪浅，并放松了紧绷的神经。对进球的“过敏反应”持续了一个月，然后就消失了。在我状态复苏的过程中，还有一场国家队层面的历史性对决：1998 年 9 月 5 日，乌克兰对俄罗斯，这是 2000 年欧洲杯的预选赛，也是 1991 年乌克兰独立后两队第一次正面交锋。基辅市为之沸腾，可城中弥漫的不仅仅是积极正面的想法和决心。我们对上他们，场上是 11 人对上 11 人，人口是 5000 万对上 1.5 亿，给人的感觉是小孩对上大人。最终，我们以 3 比 2 取胜，那场比赛我踢得很好，所以即便没有进球也没问题。看台上有 82100 人，或者更确切地说是 82099 人，再加上他——AC 米兰体育总监阿列多·布拉伊达。我已经收到别人的消息了，所以那场比赛我代表乌克兰，对阵俄罗斯，同时希望征服布拉伊达。我带着三重动力上场，能量自然倍增。比赛结束后，我刚从更衣室走出，就收到了迪纳摩管理层的召唤：“安德烈，明天早上来俱乐部办公室。有人想见见你。”不难猜到他是谁。

在那之前，我从未见过任何AC米兰的管理层人员。前一天晚上我睡得很好，醒来后的心情也很平静。我前去赴约，在办公室里见到了苏尔基斯兄弟和布拉伊达。还有雷佐，那是他第一次以公开的方式出现在我面前，正式宣布了此前已经被托付给他的角色。雷佐的意大利语说得很好，所以他负责翻译布拉伊达的话。布拉伊达是一位非常优雅的绅士，头发梳得整整齐齐——看得出来，他很在意自己的外表。

“亲爱的安德烈，AC米兰在关注你。我们很高兴你能够在洛巴诺夫斯基麾下踢球，我们了解他，并且非常欣赏他本人和他的训练方法。恭喜你，你昨晚踢得很好，不必为自己没能进球而担心。我们将继续观察你的表现，雷佐的眼睛代表着我们。对了，我给你带了件礼物……”说着，他从包里拿出了一件球衣，就像魔术师从高顶帽里掏出兔子。那是一个魔法场景，一次关键转折。那是件红黑间条衫，时尚感十足，就像将它带给我的那个人一样。它来自意大利，是专门给我的。它闪闪发光，就像最珍贵的珠宝。它的背后印着一行金色的字：舍甫琴科，那是我的名字。名字下面印着10号，那是我的球衣，我的AC米兰球衣。礼物中没有写着祝福语的小纸条，因为布拉伊达直接对我说了：

“安德烈，穿上这件球衣，你将赢得金球奖。”言毕，他们全都笑了起来。我微笑着。

第十章

AC 米兰

我没有立即穿上那件球衣，而且在穿上它的时候，我并非独自一人。有两个人值得和我一起分享那个瞬间，他们是如此特别，又如此善良。对我个人来说，我同样需要分享那一刻，需要从父母的内心看到自己的形象。我还想看着他们的眼睛，从中得到纯粹而真诚的画面。我想和他们一起体会这激动人心的感觉。

我第一时间回到家里找他们。

我小心翼翼地穿上米兰球衣，生怕弄坏了它。

我将他们叫了过来。

“妈妈，爸爸，我得给你们看看，你们觉得我这身合适吗？”

他们用目光回应着，几乎无法抑制住内心的情感：钦佩、满足、自豪。妈妈告诉我这身很帅，爸爸可能没说出来，但他也是这么认为的。我能看得出来，能明白他的想法。

“颜色和我很搭，对吧？”

这一切只持续了片刻，因为就在生活即将变得更好的那个瞬间，时间的确定性已然沦为无用的花边。你可以逃离钟表运转的束缚，远离指针和数字组成的牢笼。短暂的时间有着惊人的容量，战栗的感觉持续数秒，你没法注意到这种电流传遍全身的速度，只是沉浸在情绪中。你可以在严寒中感到温暖，在酷热中觅得凉意——这就是将AC米兰球衣穿在身上的效果。

两家俱乐部之间尚未签署任何合同或协议，但我可没法不把先前受到的礼遇当回事。布拉伊达让我明白，我终究会成为他球队中的一员，只是还需要一点耐心。若非如此，苏尔基斯兄弟绝对不会把他介绍给我。

“妈妈再见，爸爸再见，我把这件球衣留给你们，好好保管。”

那件代表着梦想的战袍，当然只能留在他们身边，他们是在我前进道路上护卫的重骑兵。此前的每一天，他们总是在小心翼翼地保护我，从未让我离开他们的视线。他们为自己的儿子欢呼，日后还会为那个基辅迪纳摩和乌克兰国家队的前锋欢呼。那个曾经的粗心孩子，正在努力找回那件失去的东西：持续进球的感觉。最终，一切都回到了正轨，没有耽搁太多。显然，当时我需要克服面前的心理障碍，洛巴诺夫斯基的话减轻了我的负担，而与AC米兰管理层的会面则让我彻底甩掉了包袱。实际上，在最重要的比赛中，在庆祝自己的22岁生日时，我打破了进球荒的：我出生于1976年9月29日，而我的进球在1998年9月30日到来，那是在当赛季欧冠E组第二轮对阵朗斯的比赛中。那个赛季我们同组的对手还有帕纳辛奈科斯和阿森纳，我们最终拿到了小组第一，成功晋级1/4决赛。我也是在这段征程中第一次见到了阿德里亚诺·加利亚尼，他是米兰老板西尔维奥·贝卢斯科尼的左膀右臂。那是1998年11月25日，我们在主场对阵帕纳辛奈科斯，气温在最高的情况下也只有零下10摄氏度，实际感知到的温度还要更低。加利亚尼和布拉伊达一起在看台上观看了比赛，可他不太走运：那场比赛我踢得很差。

即便早已习惯乌克兰冬日的严寒，我们迪纳摩球员在那晚也是瑟瑟发抖。我们被冻得够呛，于是把所有能穿的都穿在了身上，从手套到紧身衣。相比之下，我们的对手似乎并不怕寒气砭骨，他们用运动驱散寒意，有的人甚至穿着短袖上阵。

我们从一开始就做错了，很快比分落后。

上半场结束时，记分牌上的比分是0比1。

中场休息，我是第一个回到更衣室的。在那里，洛巴诺夫斯基下达了明确的命令："现在你们得脱衣服，把身上那些没用的东西都脱掉。把紧身衣丢到一旁，你们是来战斗的，而不是来跳舞的。你们被保护得太好了，所以显得柔弱而娇贵。"

说到做到。接下来的45分钟，我们成功逆转了比赛，靠的是裸露在严寒中的双腿，以及雷布罗夫的进球和巴西纳斯的乌龙。我呢？一无所获。比赛结束时，加利亚尼向布拉伊达问了个非常具体的问题。

"阿列多，你确定我们应该选择舍甫琴科，而不是雷布罗夫吗？"

"放轻松，老板。安德烈非常强。"

加利亚尼选择了相信。如果真要按照帕纳辛奈科斯那场的情况来决定，他大概真的会选择我的锋线搭档。然后加利亚尼生了病，带着类似肺炎的症状回到了意大利。对他来说，那真是最糟糕的一次差旅。对我来说，即使发挥不佳，依然是有所收获。在那本代表着未来的贴纸册上，我又为一个名字找到了对应的面孔贴纸，而那个未来越来越贴近现实。两周后，我们在客场3比1击败了法国球队朗斯，我也打进一球，这足以确保我们进入1/4决赛。一回到基辅，我就要求与俱乐部主席谈谈。

"您曾经向我保证，在合适的时候会放我走。如今米兰想签下我，我也想立即前去报到。因此，我相信现在就是最合适的时候。"

"安德烈，你先准备收拾行李吧，带一个小箱子，然后我们看情况再说。过几天我们就出发……"

他不仅批准了我的米兰之旅，还亲自组织了这次行程，并安排了一架私人飞机。这是一次真正意义上的闪电战，中心就设在米兰市中心的四季酒店，它的前身是一座15世纪的修道院。正是在那里，我的祈祷灵验了。我接受了AC米兰安排的体检，并签下了一份预合同，一切都在48小时内完成。

雷佐说道："安德烈，虽然迪纳摩现在把你卖掉了，但你必须留在基辅，踢完这赛季的欧冠。"

苏尔基斯主席说道："我和你说过，带个小箱子就够了。"

已经恢复健康的加利亚尼说道："欢迎来到米兰。"

布拉伊达说道："记住，那件球衣和金球奖……"

我说道："谢谢，我非常高兴能够签约，但一年后我们会重新坐在桌前，讨论续约事宜。"

我对自己很有信心，坚信自己能为新东家做出巨大贡献。我想象着自己在这家俱乐部的征途，并希望其他人也能够如此想象。

加利亚尼向我保证："安德烈，我们也希望你能在这里效力很久……"

在回程航班上，苏尔基斯告诉我，这次旅行需要尽可能地保密："你甚至不能告诉队友们。我们知道，洛巴诺夫斯基知道，到此为止。"

"当然，我只会告诉父母。"我将新合同带回给他们保存，就放在那件红黑色球衣附近。

我感到思想和精神上越来越自由，就好像在用笔签署预合同的同时，我还收到了一块橡皮擦，用来擦掉日积月累的压力残余。我真的很开心。

并非因为金钱，并非因为荣耀。

而是因为我即将为AC米兰效力。

我追逐这个目标很久了，我打定主意抵达那里，我一直朝着梦想不断努力，与日俱增，不断精进。我们互相追逐，我们选择了彼此。我们会疯狂地相爱，这种爱强烈到让你忽视周遭的一切，因为在爱以外再无另一个世界。那世界，那唯一的世界，将会被“我们”占据。一个尚未发明的动词，两种不同的声音，完全是属于我们的。

我，舍甫琴科。直陈式现在时。

你，舍甫琴科。米兰映在我感激而明澈的双眼，通过我与自己对话。

他、你们、他们。但最重要的是我们。我们是集体，我们是团队，我们即将真正了解彼此。我们，就是我们。

毫无疑问的我们，名震一时的我们。

前些年里，有几名球员从基辅迪纳摩转会到意甲联赛，比如米哈伊利琴科加盟桑普多利亚，扎瓦罗夫转会尤文图斯，他们的表现并不差，但也没有特别好。我渴望成为第一个在这里扬名立万的人，也不想重复那些有去无返的朝圣之旅——那些故事里的归途更像是逃亡。我相信，这样的目标是可以实现的。我到达这里是为了留下，留下是为了不再离开，为了追逐胜利。不要谈论运气，在我加盟AC米兰的过程中，运气从未帮过任何忙。

我追逐梦想，我努力训练。

我为自己铺设道路，一块块地搬运石头，一点点地铺上柏油，一个个地接连进球。那原本只是一条土路。

我听从洛巴诺夫斯基的教诲。

我历尽艰辛。

我流尽汗水。

我拼命奔跑，向上攀登。

但我从未靠过运气，从来没有。那是没有做好充分准备的人才会依靠的东西。运气就像是背水一战中的纸板武器，就像是在鲨鱼群中的一条泳道。我不想要它，也不需要它。

第十一章

告别

如果我也能控制自己的运气，如果我相信它在某种程度上有用，也许在欧冠 1/4 决赛的抽签仪式上，我们就不会遭遇皇家马德里，也就是赛事的冠军。

在准备那场比赛期间，我们踢了几场友谊赛。其中一场特别的比赛是在圣西罗球场举行的，对阵 AC 米兰。也就是说，我要对阵 AC 米兰。现在与未来处于同一平面，诱发出人格分裂，时间线也短路了。我和自己的队友们一起比赛，对阵自己未来的队友们。两支队伍合二为一，一名球员一分为二。数学成了一种观念，一种毋庸置疑的观念。1999 年 2 月 10 日，我们以 2 比 1 击败了“红黑军团”，其中一球来自卡拉泽的直接任意球，他也会在未来成为 AC 米兰球员，只是那一刻他还无从知晓。

亚历山德罗 · 科斯塔库塔，又名比利，他从开场哨响就一直黏着我，而且嘴里话没停过。他对我说英语，我没有听懂他的任何一句话，但明白他的大致意思。他说的话像是：“等你来到这边，我们会在训练中虐待你。”或者：“舍瓦，你叫舍瓦对吧？意大利可不好混，不像在乌克兰……”他靠近我，推搡我，我也进行了几次突破，把他甩在身后。乌克兰也不好混！他笑了，我也笑了，这是他打破僵局，欢迎我的方式。苏尔基斯要求我不能透露任何关于未来足球生涯的事情，但似乎米兰城的每个人都已经知道了，这已然是个众所周知的秘密。比赛结束后，我和 AC 米兰主帅阿尔贝托·扎切罗尼聊了几分钟，他对我说：“很高兴你和我们签约了，我在这儿等你。”保罗·马尔蒂尼走过来对我说：“记住，AC 米兰是一种信仰，一种神圣的激情。”我感到很好。第二天，我们进行了另一场友谊赛，在布里安特奥球场对阵蒙扎，那里是加利亚尼开始体育经理生涯的地方。比赛以 1 比 1 结束，卡拉泽又进了球。

除了科斯塔库塔和蒙扎后卫之外，在那次意大利之行中对我进行严密盯防的人，还有洛巴诺夫斯基。他不希望我发表太多言论，因为我得保持高度专注。回到基辅后，我们只休息了一天，洛巴诺夫斯基就把我和雷布罗夫叫到了办公室：

“伙计们，怎么样？”

“很好，瓦列里·瓦西里耶维奇。”

“在对阵 AC 米兰之前，其他队员都进行了大量的训练，你们两个却错过了……”

“是的，瓦列里·瓦西里耶维奇，我们当时有点身体问题。”

“我理解，但你们现在状态良好，对吧？”

“确实，瓦列里·瓦西里耶维奇。”

“那么准备好，你们必须补齐所有训练，赶上队友们的步伐。”

接下来的三天里，他每天都让我们死去活来，我们累得快要发疯。其他人每天只需要在早上训练一次，训练量也比较轻松，而我们的“菜单”上却是双倍的量，下午也得训练，任务非常繁重，还要顶着零下 15 摄氏度的低温。可我们不能停下来。尤其是我，我不能满脑子想着

AC 米兰。我们还有一个赛季去创造奇迹，还有一届欧冠去见证荣耀：说到欧冠，更衣室里的所有人都确信我们可以一路走到最后——也就是说，相信我们能够击败皇家马德里，用实力战胜抽签的坏运气。

首回合比赛定于 1999 年 3 月 3 日，在伯纳乌球场进行。比赛越来越近，我们意识到洛巴诺夫斯基打算让卡拉泽首发出场，他在飞往西班牙的前几天——即 2 月 27 日——才庆祝了自己的 21 岁生日。尽管实际上话语权相当有限，但作为队友，我们还是表态推动了教练的这一决定：我们相信卡拉泽已经为此做好了准备。尽管几乎从不说话，但他在场上的表现美妙如同歌声。事实上，在马德里的比赛进展得很顺利，也是得益于他的表现：我们最终与皇马 1 比 1 战平，我率先进球，米亚托维奇扳平比分。我感觉自己很强大，可以轻松地过掉对手，比起一年前的自己变得更优秀、更全面。在迪纳摩的最后几个月里，我的目标非常明确：留下不可磨灭的印迹，制造恒长久远的记忆。我不会忘记球队在伯纳乌球场内部说过的那些话："现在，我们可以追逐这座奖杯了。"当时，我们的感觉非常好。

基辅的次回合对决，我们以 2 比 0 获胜，我梅开二度。那场比赛，我们穿着白色球衣，我们才是"白衣军团"，我们是冠军的刽子手。在半决赛等待我们的是拜仁慕尼黑，首回合比赛在我们主场进行，90 分钟的激战以 3 比 3 结束。进球的时间线可以说明一切：

1 比 0：我的进球，第 16 分钟。

2 比 0：还是我的进球，第 43 分钟。

2 比 1：塔纳特，第 45 分钟。

3 比 1：科索夫斯基，第 50 分钟。

3 比 2：埃芬博格，第 78 分钟。

3 比 3：扬克尔，第 88 分钟，也就是距离终场哨响还有 120 秒时。

我们还击中了一次横梁，并错失了另外几次机会。最后 10 分钟，我们在场上回撤得太深，在对手看来，这可能意味着我们放弃了比赛的主动权，他们利用了这一点。次回合比赛，在慕尼黑奥林匹克体育场，我们输了，巴斯勒的进球，让拜仁1比0获胜。德国人的务实精神发挥了作用，他们充分利用了所有的得分机会，我们却没有。我们踢得不够冷静，不够残酷。出局是一个沉重的打击，看着洛巴诺夫斯基脸上的表情，以及他悲伤时额外生出的皱纹，我感到相当心痛。看着他，我明白他有多想赢得那座奖杯。我感受到了他的失望，他的情绪低落，尽管并未明显表现出来，但我非常了解他的内心所想。接受这样的结果并不容易。我的心在流血，一种与肉体无关的疼痛迸发出来。为了给他带来那种满足感，我们拼尽了全力，而他本来配得上得到这一切。个人层面上，我在那届欧冠打进了8球（如果算上预选赛阶段就是10球），与曼联的德怀特·约克并列获得最佳射手。不过，他比我多踢了27分钟。

无论如何，“上校”的伤口依然未愈。回到国内赛场，我们让他找回了一丝笑容，以9分的优势击败顿涅茨克矿工赢得了联赛冠军，并捧起了乌克兰杯——正是在这项比赛中，我最后一次（至少当时如此……）穿上了迪纳摩队的球衣。那天是1999年5月30日，正好也是基辅这座城市的节日。人们聚集在公园里和广场上，通过音乐会和表演为城市庆生。我们则聚集在奥林匹克体育场，在71000名观众的注视下，在决赛中以3比0击败了利沃夫喀尔巴阡。我用两粒进球挥别迪纳摩，球迷们为我组织了一次盛大的告别仪式，但并没有太多离愁别绪，因为我知道自己还会经常回到乌克兰，代表国家队出战。在我离开之前，洛巴诺夫斯基还想见我一面。

“我亲爱的安德烈，你取得了巨大的进步。你已经准备好更进一步，为AC米兰效力了。一到那里，你就得找到主教练和体能教练，你得让他们明白自己已经习惯了高强度的训练，因此必须在意大利也保持这样的训练量。这非常重要。否则你的身体会受到影响，会遭受负面效应。你需要明白，职业生涯中迄今为止发生的一切，其实都只是个开始。不要停滞不前，不要安于现状，要保持高水准。我相信你，我知道你有能力——包括在精神层面上——迈出重要的步伐，书写全新的历史。我会一直关注你的，你可以随时给我打电话。”我们深深地拥抱在一起，这是前所未有的情景。

只有我和他，两人独处。没有其他人在周围，他们中的一些人不久前还像我的影子一样伴随左右。欧冠出局后，在一次训练结束时，苏尔基斯主席通过助手叫我去他那里。

“快，到他办公室去一趟。”

当我走进去时，有一些人围坐在一张桌子旁等我。他们中的很多人我都不认识。苏尔基斯开口了：“安德烈，他们是特勤局的。”

“特勤局？”我不明白。

他们向我解释：

“舍甫琴科先生，我们的工作包括监听那些最危险的罪犯通话，听他们都在说些什么。最近几周，我们听到了一些令人不悦的谈话。他们在谈论您，可能正在策划对您实施绑架。从今天起，您将会在保护下生活。会有两名特工随时陪伴您，日夜不离，24 小时不间断。”

“但是……”

“舍甫琴科先生，请不要争论。这是为了您的安全。”

苏联解体在加盟共和国的一些地方引发了混乱。犯罪分子开始扎根，不仅仅是在乌克兰。他们在光天化日之下抢劫，在餐馆吃饭后逃单，在酒店也是如此，更不用说绑架了。他们将城市划分成不同的控制片区，当得知我要去国外踢球时，他们认为我值得一大笔赎金。

安保团队很低调。每天都有四个人轮流在我身边，他们均配备武器，被分成两班，即使在我比赛、训练和前往客场时也是如此。起初我有些害怕，但后来习惯了，甚至也习惯了他们清晰可见的配枪。我的个人隐私受到了一些影响，但这是可以接受的代价。如有必要，他们会开枪保护我。实际上，我从未遭遇任何不好的事情，也未曾预感到这样的事情可能发生。最终，他们成了迪纳摩的球迷，在更衣室里和我们一起为胜利欢呼。直到赛季仍在进行中的某一天，四位特工中的一位走过来，告诉我一条消息：“我们不再感受到近在咫尺的危险，您将不再需要由特工陪同。感谢您的耐心，祝您前往意大利的旅途愉快。”我再也没有见过他们，但这并不意味着他们不再保护我。

无论如何，仍然有一个人留在身边照顾我：雷佐。正是他安排了米兰之旅的所有细节：“安德烈，我也会跟你去，并且会一直和你在一起。我会帮助你适应环境。哦，加利亚尼先生给我打电话了，他说自己迫不及待地等着你来。做好准备吧，因为你需要重新开始学习……”

第十二章

意大利语

我必须回到学校，这是 AC 米兰的决定。

与基辅迪纳摩的协议规定，我在新赛季开始前两个月就要抵达米兰，开始学习意大利语。在这一点上，加利亚尼和布拉伊达对雷佐非常坚定地表明了立场：“语言是基础。我们希望安德烈能用意大利语与队友和教练交流。他必须迅速适应环境。”真正的豪门俱乐部就是这样运作的。因此，在赢得乌克兰杯冠军后，我就启程了。那是 1999 年 6 月，我每天都去米兰大教堂广场上的意俄文化协会，尝试学习一门此前从未接触过的新科目。我听着全新的词汇，试图记住它们。起初，我几乎什么都听不懂，心想还不如用手势来交流。

每天我都要步行穿过广场 —— 这座城市最具标志性的地方之一。那里挤满了人和游客，但没有人认出我。除了靠报纸上刊登的一些照片外，他们可认不出我是谁。只有一次，我听到了远处传来的喊叫。

“舍甫琴科！舍甫琴科！你就是舍甫琴科，对吗？”说话的是个男人。

雷佐出于好奇走近他："那么，你又是谁呢？"

"我是阿尔巴尼亚人，我经常看乌克兰联赛的比赛。"

为了加快我的学习进度，加利亚尼让他的女儿米科尔带我出去，与她和她的朋友们一起到处逛逛。我们来到酒吧，进入商店，又在街上散步。我是她们沉默的同伴，人确实在那儿，但意识却在别处，就好像我仍然在球场上对阵帕纳辛纳科斯一样，我看着她们聊天，却对内容毫无反应。三周后，我生气了。

"雷佐，我什么都听不懂。我对意大利语过敏。"

"安德烈，这不是真的。"

"真的，雷佐。在酒吧里，她们说'请给我一杯卡布奇诺'，或是'我想要一杯咖啡，加一勺半糖'。在餐厅里吃完晚饭后，'请问可以给我账单吗'？进入商店之后，'我们可以看看这件衣服吗'？总之，这一切我都听不懂。"

"安德烈，你有没有注意到，刚才这一切你都是用意大利语说的？"

"啊……"

我没有意识到，然而米兰俱乐部管理层制定的策略正在朝着预期方向发展，学习计划逐渐开花结果，尽管那果实还不成熟。我像鹦鹉一样重复着正确的词语，或许还不了解它们的含义，但至少语言的音韵已经变得熟悉起来。这是迈过抗拒门槛的第一步，也是重要的一步。

和任何一所正规的意大利学校一样，我的学校也在某个时候关上了大门，漫长的暑假开始了。或者更准确地说，我也要启程去撒丁岛了，那是1999/2000赛季AC米兰的季前集训地。我的红黑洗礼。当时，俱乐部刚刚赢得了历史上的第16个联赛冠军，并给了球员们足足一个半月的假期，之后将新加盟的球员们都召集到了海边：除了我，其他人还包括来自格拉斯哥流浪者的里诺·加图索。

在奥尔比亚机场，我第一次出了洋相。我把钱包忘在了长椅上，一名警察捡到还给了我。

“对不起，这是您的吗？”

“是的，谢谢。”

我又坐了一会儿，然后起身离开。那警察又回来了，手里拿着什么东西。

“您看，您又把钱包落下了……”

“是的，谢谢。”我知道这才是礼貌地回答方式。我低垂着眼帘，带着轻微的羞耻感，几秒钟后就又走开了。那个警察又一次跟在身后。

“先生，您是在跟我开玩笑吗？”

我听不懂那句话，但雷佐听懂了：“对不起，他有点晕头转向。这个给我拿着吧。”我第三次把钱包忘在了长椅上。据说在最幸福的时刻，人们会重回孩提时代，而我曾经是个粗心大意的孩子。

从那里，我们来到了法罗湾，这是撒丁岛翡翠海岸的一个美妙角落，在那里我们遇到了俱乐部理疗师和队医，以及体能教练保罗·巴福尼和达尼埃莱·托尼亚奇尼。我将洛巴诺夫斯基的信息传达给他们俩，靠的是结结巴巴的意大利语、支离破碎的英语和乌克兰语的混合：“‘上校’告诉我，我必须保持大量的训练。”教练扎切罗尼只是过来打了个招呼。实际上，那段时间主要是为了让我们熟悉新俱乐部和球队的工作机制。我们大部分时间都在海滩上度过，只有一两个小时在球场上，或是在瓦卡沙滩的健身房里。在力量测试中，我展示了能够顶着4.2倍自重起跳的能力。托尼亚奇尼日后才会告诉我这项数据，他还说一个普通球员的标准是3倍自重，而3.5倍到4倍自重的测试结果已经相当优秀。因此，我的“4.2”就像是一张清晰的照片，可以贴在我的身份证上。另一方面，在效能测试中，我的成绩是足球运动员能够达到极值的95%，缺少的那5%让我有点心烦意乱。

我们几名新援在法罗湾待了两个周，老队员们也时不时露面，也就是那些刚刚获得意甲冠军的人。他们在那里待了几天，悠闲地进行了一些训练，然后就离开了。赢得联赛冠军后，科斯塔库塔、德梅特里奥·阿尔贝蒂尼和马西莫·安布罗西尼租了一艘游艇，当时停泊在切尔沃港。有一天他们邀请我一起去玩，他们人很好，想让我融入进来，但气氛很快就变得尴尬了。

他们说了很多，我基本上都听不懂。

我没说太多话，他们什么都没听懂。

为了让大家都不碍事，一到海边，我就坐上了摩托艇去兜风，一趟就是两个小时。这是一种出于害羞的逃避。我并没有离游艇太远，偶尔举起手，挥动手臂向他们打招呼。他们大概会想："可怜的孩子。"好消息是我开始自己用意大利语思考了。那些零散的词句一点点进入了脑海中，我开始渐渐地适应身边的新环境。这并不容易，但我付出了很大的努力，因为我知道加利亚尼和布拉伊达是对的。如果一个人的象形文字让队友间的交流变得支离破碎，我们就没法成为一个真正的团队。更何况，他们在签约时就告诉过我：AC 米兰在意大利、在欧洲、在全世界范围内的形象，在很大程度上都是靠着沟通法则建立起来的。这也是贝卢斯科尼津津乐道的理念，我当时还没有遇见他。但他们告诉我：他很富有，非常富有。

他的物质财富，自然是人人皆知。

他的内心财富，我很快就会发现。

在夏训开始前，我认识了全部的新队友，其中一些人只是打了个照面。他们很多人只是在球队短暂停留几个小时，他们需要进行一些强度不大的测试，之后再继续去度假。我个人的度假休闲，是主席先生亲自安排的，告诉我消息的人还是雷佐："安德烈，贝卢斯科尼打来电话。他说米兰太热了，所以想把他在撒丁岛的一座别墅借给你。他不会在那里，但希望你能去那儿待一周。"

"你也要来吗？"

"是的，放心，我不会抛弃你的。"

“去住酒店会不会更好？”

“安德烈……”

“雷佐，听着，也许我必须在别墅里经常（用意大利语）聊天，而我的能力还不够。”

“别担心，你会在那儿过得很好。”

我还邀请了一个当时正在约会的乌克兰女孩。我们被带到了一个童话般的地方，这是一部奥斯卡电影的完美拍摄地，一座完全私密的风情小镇，一个完美无缺的建筑杰作。一切都被安排得细致入微，进行得井井有条。还好我听了雷佐的话。在那里，我时不时会为看到的景象屏息：那是惊叹的副作用。

肚子饿了怎么办？大厨米凯莱·佩尔塞基尼负责解决。

想要看意大利语书籍学习新知？图书馆藏书非常丰富，拍照下来足以直接登上专业杂志。

想要欣赏画作？那里尽是名家真迹，博物馆级别的收藏，一个真正意义上的艺术画廊。

想要安静地游泳？通过私人海滩就可以进入大海。

足球？当然必不可少。最重要的是，我可以赤脚在草坪上颠球，那草皮可丝毫不逊色于圣西罗球场。园丁们的持续护理让草坪始终整齐利落。有那么一天，我记得是在回米兰之前的最后一天，我还在草坪上踢球，一位女士有些害羞地走近我。她的脸上布满皱纹，这种皱纹是没有图案的文身，是生活万般滋味的见证，是囚禁黑暗的夺目阳光在面庞留下的痕迹。正是这种皱纹让女人们更加美丽。她在别墅里工作。

“有人告诉我你叫安德烈。”

“是的，谢谢。”

我停了下来。雷佐一直在帮我翻译，从我在基辅第一次见到布拉伊达的时候开始，这已经成为惯例。

“你还不认识你的俱乐部主席，但如果你听他的话，就不会有任何问题。他会成为你的家人，你也会成为他的家人。你会领教他的心态和他的慷慨。他会改变你，让你变得更好。”

我听着她的话，却不知道她想说什么。

“我丈夫是负责修建草坪的园丁之一。我当时生了病，得了乳腺癌。当医生们发现问题时，贝卢斯科尼也知道了，他选择照顾了我。这是一种超出义务的善举。他送我去了医院，并在我必须进行的手术之前打电话给我：“你会得到妥善的医治，不要担心。现在他们会给你做手术，拯救你的生命，而你只需要保持勇气。我们很快就会见面。”当时对他来说，我其实只是个路人，如今十年过去了，我还在这里。记住永远不要辜负他的信任，保持忠诚，一切都会向着最好的方向发展。”

“谢谢，夫人。”我大声说。

“也谢谢您，瓦列里·瓦西里耶维奇。”脑海中出现了这样的声音。不知道为什么，我在那一刻马上想到了洛巴诺夫斯基。

然后，我重新开始颠球。

第十三章

新赛季

从观念上来说，那颗球再未返回地面，它和我一起飞翔。

和回到米兰的我一起。

和大教堂广场的我一起。在那里，我重新开始学习意大利语，而人们开始认出我来。

和米兰内洛体育中心的我一起。1999 年 7 月 20 日，新赛季开营日，外面聚集了数千名球迷，他们还喊着我的名字。

第二天晚上在圣西罗，我第一次在比赛中穿上了红黑间条衫。在 50000 名观众面前，我们进行了 30 分钟的迷你比赛，那是为了庆祝俱乐部一百周年举办的队内测试赛：我所在的分队叫作“米兰百年队”，对手则是“米兰黄金队”。我的 10 名队友是阿比亚蒂、萨多蒂、恩戈蒂、马尔蒂尼、加图索、阿尔贝蒂尼、德阿森蒂斯、托内托、齐格和比埃尔霍夫，但对手最终凭借冈茨的进球 1 比 0 获胜，说是“对手”，其实也是我们自己人。扎切罗尼教练乘坐一架月球车出现在球场上，驾驶员是执行过阿波罗 17 号任务、曾经在月球上行走的尤金·塞尔南。地面不是我们的极限，贝卢斯科尼以自己的方式传递了这一理念。也正是在俱乐部百年庆典的活动期间，我第一次见到了他本人，那是在圣西罗赛马场举行的一次聚会上。现场有数百人和几匹马，我们匆匆打了个招呼，我感谢他在撒丁岛的盛情款待。舞台上的贝卢斯科尼讲着各种各样的笑话，其中一个令人难忘："我必须向球队发出一个半正式的通知。现在我要切割俱乐部百年纪念的蛋糕了，但如果到赛季结束时没有赢，或许我会用同样的工具切割其他东西……"

玩笑归玩笑，那是一支处于重建期的米兰。的确，球队在前一赛季赢得了联赛冠军，但是在意大利杯 1/8 决赛就出局了，最重要的是没有参加欧冠联赛，而我正是那项赛事的当赛季射手王。因此，人们对我寄予了很高的期望，就像我本人对安布罗西尼的期望一样高，他是我在集训时的室友。我送给了他一份礼物：一本意乌词典。训练的地方在瓦雷泽省的乡野，那里既没有海，也没有水上摩托，所以我没法像在切尔沃港一样任性逃跑。因此，我选择了一个不太符合本能、但富有教育意义的解决方案。

"给我遥控器"是用字典翻译最多、使用最频繁的几句话之一。

每天早上起床之后打开窗户，米兰内洛的中央球场马上映入我惺忪的睡眼，让我瞬间清醒过来。

欢愉和工作交织在一个画面中，肾上腺素飙升。我正是为了这样的状态而活着，为这样的目标而努力。我背上了新的号码——10 号是属于兹沃尼米尔·博班的，我永远不会允许自己向他索要这个号码。实际上，我不想索求已经被其他球员占用的任何号码，我已经向俱乐部管理层表明了态度："你们为我选择号码吧。"

但是我的一个队友，易卜拉欣·巴，主动来找我谈话："安德烈，我认为你应该拿走我的 7 号。我很乐意把它给你，我觉得它会给你带来好运，成为你的神奇号码。我有这种强烈的感觉。"

两天后，我接到了一个好朋友的电话。他从以色列来电，似乎格外兴奋。

“安德烈，你真的选择了7号球衣吗？”

“是的。”

“你知道希伯来语中数字7怎么说吗？”

“不知道。”

“7在希伯来语中是Sheva。我相信，它会给你带来很多好运。”

这是在48小时内第二个主张这一观点的人。加利亚尼、布拉伊达和整个俱乐部为我们球员创造了完美的条件，让我们可以完全专注于足球。俱乐部甚至还设置了一个电话号码，可以全天候24小时保持联系，以处理特殊需求和紧急情况。AC米兰是一支特别的俱乐部，由特别的人组成。尽管他们像照顾儿子一样对待我们，但我还是没法从内心深处保持完全平静。我的父亲几个月前在塞浦路斯度假期间感到不适：他心脏病发作，在岛上的医院住院。当医生允许他乘坐飞机返回基辅时，情况看起来正在慢慢好转。但我太了解他了，我知道他会厌倦于这种长期的被迫休息，抑或是很难在吃饭时拒绝一杯美酒。这样的念头让我苦恼。但我还得再说一遍：我加入的是一支梦幻般的球队，他们真的竭尽全力来帮助我适应环境。

在我学意大利语的同时，安布罗西尼也学乌克兰语。米兰内洛的夏季集训结束后，他经常骑摩托车到米兰市中心的乔利酒店来接我，然后带我去吃晚餐。我们戴着头盔，行踪隐蔽。

科斯塔库塔会开车送我去训练，途中他教我米兰方言，而我开始叫他“Bauscia”。

他们都很照顾我，还有保罗·马尔蒂尼，他们宠爱着我。冠军球员们从海报上来到生活里，专门为了帮助我。他们都是值得尊敬的人，非常善良的人。

扎切罗尼有着非凡的品格，是个聪明的教练，也是一位真正的绅士，从不给我压力。他非常清楚地解释我们该做的事情，等待着我进入状态。他构想中的米兰有一名突前中锋和两个影子前锋。在乌克兰，我总是自由自在地踢球，无须为体系所限，但在意大利情况就不同了。从战术层面上来看，我正在探索另一个更加复杂的世界，即使在纸面上不那么强劲的对手，在场上也准备充分，很难应付。我立刻意识到了这一点：7 月 28 日，我们在友谊赛中对阵瓦雷塞，他们征战意丙联赛，也就是意大利的第三级联赛，可我们却输了。我们面对的是一支组织严密的球队，由马里奥·贝雷塔执教。我想：天哪，这里真的很难，我必须尽快适应。相比之下，另一场季前赛给我留下了更加愉快的回忆，8 月 6 日对阵勒沃库森的比赛中，我梅开二度。更重要的是，我与队友们之间产生了默契，我真的很喜欢这个团队。那感觉是需要每天来培养的。油箱里有油，也有我的汗水，只要我能赶到米兰内洛进行训练。

俱乐部给我分配了一辆车，是那种我喜欢的类型，能够跑得飞快。但在最初的几周里，我不敢开车，因为我不认路。我既不熟悉米兰的道路，也不熟悉从乔利酒店到训练中心 50 千米的路程。我只能偶尔在黑暗中开车出去，在荒无人烟的夜色中去逐渐熟悉街巷和环路。科斯塔库塔和雷佐不可能永远为我当司机。有一天早上我下定决心："今天我不想让任何人陪我，我会自己开车到米兰内洛去。"这可不是我最明智的决定。雷佐发现我没有到达目的地，给我打来电话。

"安德烈，你还好吗？我已经在这里等你了。"

"雷佐，一切都好，我快到了。"

至少我是这样认为的。一个小时后，雷佐又打电话过来。

"安德烈，训练马上就要开始了。"

"好的好的，我告诉过你快到了。"

"我不想打扰你，但你可以告诉我路标上写的是什么吗？把你看到的第一个路标读给我。"

"雷佐，这里正好有一个。"

"来吧，读给我听。"

“上面写着：维罗纳，一千米。”

“安德烈，我想你走错了路……”

“不，雷佐。我快到了。”

“是的，安德烈。你会到的，但是会迟到不少。现在掉头回去吧。”

我从高速公路上下来，开上了反方向的车道，并集中注意力驾驶。过了一段时间，手机再次响了。又是雷佐。

“安德烈，你快要到了，对吗？”

“是的，雷佐。”

“请把你看到的第一个路标读给我。”

“好的。有一个大大的绿箭头，上面有个名字。”

“什么名字，安德烈？”

“热那亚。”

一片寂静，或许他晕倒了。幸运的是，那个箭头只是指示方向，而不是真正的城市界牌。可如果我继续前行而不改变方向，我会到达海边。

“安德烈，我们从现在起保持电话沟通，不要挂断。”如此这般，雷佐成了我的导航员。当我驶进米兰内洛的大门时，有人为我鼓掌。那当然不是扎切罗尼的掌声，即便他终究原谅了我无意中犯下的错误。也是在那段时间里，贝卢斯科尼首次邀请我去阿尔科雷，为了避免令人不快的误会，我恳求雷佐帮我开车。贝卢斯科尼在圣马蒂诺别墅门口等我，这是他在布里安扎绿地中的住宅。他牵着一个孩子的手。

“亲爱的安德烈，欢迎。这是小路易吉，我的一个孩子，他想认识你。请先进来，我带你看看我的家。”

加利亚尼和布拉伊达已经到了。

“这是公园。”

“这是小教堂。”

“这是小足球场。”

"这些是我亲自照料的花朵，我很关心它们。"

一切远未结束。每个角落都藏着惊喜，就像在撒丁岛一样，我被这里极致考究的每一个细节所吸引。这不仅关乎美丽本身，也并非为了炫耀，而是更多体现出一种精致思维的具象化。当然，那时的我还不太了解贝卢斯科尼，但他给我留下了这样的印象：他不会止步于远大梦想，而且能够迈出下一步，将梦想付诸实际。

"听着，安德烈，你知道自己在我眼里就像个天使吗？"

"天使？"

"是的，一个小天使。你金发碧眼，打扮整洁，留着短发，不留胡子。要是他们都像你这样该多好。"

"天使……"我从来没听过这个词。

可听起来不错。

"你是个天使，而米兰是魔鬼。人们是这样称呼它的。你觉得自己准备好迎接意甲了吗？"

"是的，我准备好了。"

"意甲是一个很困难的联赛，有着世界上最好的后卫，你必须非常努力。如果能打进十球，那你就真的很棒了。"

"不，主席，我的进球会远远超过十粒。"

"好吧，好吧……"他的语气中带着一丝温柔，就像大人们顺着刚刚说了大话的孩子一样。他继续说道，"这样吧，安德烈。如果你真的能进更多球，我会在赛季结束时把撒丁岛的切尔托萨别墅借给你，附带一艘游艇。你可以带任何人去度假。"

"切尔托萨别墅？"

"嗯，不是你已经去过的切尔沃港的那个。这是另一座别墅，位于罗通多港，很漂亮。"

联赛首轮，莱切 2 比 2 平 AC 米兰：进球。

第二轮，AC 米兰 3 比 1 佩鲁贾：进球。

第五轮，AC 米兰 4 比 4 拉齐奥：三粒进球。

那是 1999 年 10 月 3 日。贝卢斯科尼在立下赌注之前，为我设定了进球指标，而当时我已经完成了一半。此时，联赛暂时休战，国家队比赛重启。我回到了基辅，准备对阵俄罗斯的比赛。比赛定于 10 月 9 日在莫斯科的卢日尼基体育场进行，事关 2000 年欧洲杯决赛圈资格。俄罗斯和乌克兰再次在球场上相遇，对决的意义同样不仅限于足球。

我趁机去看望父亲，他在那段时间里又住院了。就像我担心的那样，当我在意大利的时候，他再次感到不适。他不顾医生的反对，执意去乡下割草，不是用自动除草机或拖拉机，而是用一种需要手动从上往下旋转的重型工具。对于他虚弱的心脏来说，这是过于沉重的负荷。实际上，他的心脏也再次受到了损伤。我想找负责治疗他的医生谈谈。

“舍甫琴科先生，我没有好消息告诉您。您父亲的心脏有两个不同的地方受损。他需要彻底的休息。然而，我们相信这里具备一切条件助他康复。”

我没有继续等待。我将事情通知了 AC 米兰俱乐部管理层，他们此前已经从我口中了解过父亲的健康状况。他们立即采取行动，帮我解决问题，并安排了我的父母前往意大利。由于我当时还住在酒店里，俱乐部帮我找到了合适的房子，大到足够容纳全家入住。他们为我选择的公寓位于马里纳大街，非常漂亮，空间宽敞，靠近威尼斯门的花园。雷佐、加利亚尼和布拉伊达联系了马里奥·维加诺教授，他在帕维亚的圣马泰奥综合医院工作，是心脏外科领域的杰出专家。基辅的医生将检查结果分享给他们的意大利同行，而我一直在想着父亲，祈祷一切都能迅速解决。以他当时的身体情况，不仅完全不可能坐飞机，甚至都没办法下床。

对阵俄罗斯的比赛，我全神贯注地踏上球场。我的身体状况正佳，可思绪却飘向彼岸。这还没完，由于是客场作战，我们发现身处的环境也成了问题。这场对决无法被视为一场普通的足球比赛，也的确并不普通。我们踢得并不好，效力于维戈塞尔塔的中场瓦列里·卡尔平用一记任意球帮助俄罗斯取得领先，但就在终场哨响前两分钟，发生了让所有乌克兰人都永生难忘的一幕（或许俄罗斯人也对此铭刻在心）。这是一次载入史册的进攻：我们获得了一次任意球，离球门很远，位置非常偏，从攻方视角位于球场左侧。我走到球前，教练席上的主帅萨博像疯子一样大喊。

“你要干什么？走开！你不要射门，去禁区里。”

“您放心，我会进球的。”

我射门了。球飞了起来，仿佛要直冲云霄。突然，它改变了轨迹，向左转向，略微下降，画出一条难以辨认的抛物线。那道弧线看起来非常优美，可实际上极其无情。门将菲利莫诺夫措手不及，不得不后退两步试图扑救。他用双手碰到球，却未能阻挡球入网，而是和球一起飞进了球门。现场一片死寂，那是突然死亡的场景。那场 1 比 1 的平局，让俄罗斯队丢掉了欧洲杯的参赛资格，我们则挺进附加赛，但最终遗憾被斯洛文尼亚挡住了继续前进的脚步。

我重新投入米兰城的工作：一边是足球，另一边准备迎接家人的到来。

新家很安静，科斯塔库塔和安布罗西尼帮我搬了家具。一天下午，阿尔贝蒂尼按响了门铃。

“安德烈，你在忙吗？”

“不忙。怎么了？”

“一会儿再告诉你。现在准备好，我们要出门了。”

目的地是超市。

“安德烈，你不能连在炉子上加水煮意面都不会。现在我们去购物，然后回到这里，给你上厨艺突击班。”他对我真的很好，我也爱他。他让我开怀大笑，就像塞尔吉尼奥一样——我喜欢在训练中和塞尔吉尼奥开玩笑。

“塞尔吉尼奥，你太懒了，你必须更加努力训练。”

“不是我太偷懒，而是你勤奋得夸张，安德烈。”

一天下午，米兰内洛阳光明媚。

“安德烈，多好的天气！”

“塞尔吉尼奥，跑起来……”

“安德烈，在巴西，太阳意味着夏天。”

“跑起来……”

当时，我们正在进行一场队友间的对抗赛，塞尔吉尼奥却躺在草地上，闭上了眼睛。

“塞尔吉尼奥，你在做什么？”

“今天是夏日，安德烈。我在享受这一刻。让我晒太阳吧。”塞尔吉尼奥有一种宝贵的天赋，能够让沉重的事情变得轻盈。他的笑声能让你愉快地度过每一个瞬间。

在得到医生批准后，爸爸终于来了。维加诺教授为他主刀，总共需要进行四次冠状动脉搭桥手术。我每天都去帕维亚看他，没有一次走错路。妈妈从未离开他，每天陪他一起，痛苦时的爱才是真正永恒的爱。贝卢斯科尼一直在关切治疗的进展。

我重新开始计数。在计算进球的同时，也开始考虑比赛本身。

第六轮，AC米兰2比2卡利亚里：进球。

第七轮，AC米兰2比1国际米兰：进球。那是我的第一场米兰德比，我从替补席开始比赛。周中，《米兰体育报》在编辑部组织了一场两队前锋之间的座谈活动。一边是维埃里、萨莫拉诺和罗纳尔多；另一边是比埃尔霍夫和我，等待着不见踪迹的维阿。维阿姗姗来迟，我们发现他从头到脚穿着一身军装，看上去就像是刚刚结束了一场军演。他传达的信息非常明确：米兰德比将是一场真正的战斗。实际上，整个赛季的意甲联赛都像是一场战斗，没有绝对的夺冠热门，很多球队都有能力竞逐锦标。

第十三轮，AC 米兰 2 比 0 都灵：进球。

不幸的是，刚刚开启的欧冠之旅，在那时已经早早结束了：在与切尔西、柏林赫塔和加拉塔萨雷组成的 H 组中，我们排名小组垫底。

第十四轮，AC 米兰 2 比 2 雷吉纳：梅开二度。

第十七轮，乌迪内斯 1 比 2 不敌 AC 米兰：进球。

上半程结束时，计数器上显示的是 11 个进球。我见到了贝卢斯科尼：“安德烈，我已经明白结果如何了。我不会再和你打赌了，不然连裤子都得输给你。”

第十九轮，佩鲁贾 0 比 3 不敌 AC 米兰：帽子戏法。

那是我第二次戴帽，第一次是对拉齐奥。

第二十轮，AC 米兰 4 比 1 巴里：进球。

第二十一轮，博洛尼亚 2 比 3 不敌 AC 米兰：进球。

第二十四轮，AC 米兰 1 比 2 国际米兰：进球。我在对阵国际米兰时格外来劲，遗憾的是球队输了比赛。

第二十五轮，AC 米兰 3 比 3 维罗纳：梅开二度。

第二十七轮，AC 米兰 2 比 0 尤文图斯：梅开二度。

我的进球并非出于偶然。自从来到米兰，我就意识到自己必须苦练射门，否则永远无法突破意甲球队的防线。每次训练，我都会在球队的计划外加练一小时。其他人回到米兰内洛的更衣室洗澡，我和瓦莱里奥·菲奥里则留在训练场上。他非常耐心地把守着球门，我则在行进中从各个位置射门，为的是在提升射门技术的同时，尽可能真实地模拟比赛中可能出现的场景。菲奥里经常说：“你的这些射门迟早要搞死我。”

第三十一轮，雷吉纳 1 比 2 不敌 AC 米兰：进球。

第三十三轮，罗马 1 比 1 平 AC 米兰：进球。

此时，联赛仅剩最后一轮。我们已经无缘争夺冠军，但我个人却在全力冲击最佳射手。我们在圣西罗迎来了乌迪内斯，我又一次意识到了身边有着多么棒的队友，他们试图给我传球，帮助我赢得金靴。最终，我们以4比0获胜，我打入一球。我做到了。

进球之后，我马上抬起头，圣西罗的看台上挂着很多黄蓝色的乌克兰国旗。我很感动。回想到赛季初，或许很少有人知道乌克兰是什么，又在哪里，这样的对比尤其让我心潮澎湃。我最终打进了24球，领先23球的佛罗伦萨前锋巴蒂斯图塔和22球的帕尔马前锋克雷斯波，成了米歇尔·普拉蒂尼之后第二位初登意甲即获金靴的外国球员。拉齐奥拿到了联赛冠军，尤文图斯在佩鲁贾的大雨中屈居第二。我们获得第三名。

1999/2000赛季刚刚结束几天，加利亚尼就在位于图拉蒂大街的旧总部召见了我。

“安德烈，你还喜欢汽车吗？”

“是的，一直都喜欢，加利亚尼先生。”

“那就去梅赛德斯–奔驰经销商那里吧，选一辆你喜欢的车。这是你应得的奖励。”

他还给我加了薪。当初在签订那份预合同时，我就告诉过他一年后会讨论续约事宜。正式签字加盟球队时，我还补充说道：“钱对我来说并不重要，我首先要证明自己配得上成为AC米兰的一员。”

爸爸很疲倦，但情况有所好转。

贝卢斯科尼履行了他的承诺，将切尔托萨别墅的钥匙给了我。我邀请了科斯塔库塔和我们共同的朋友皮耶罗·加亚尔德利。

假期开始了。我已经加冕意甲射手王，但依然留下一点遗憾：团队层面，我们没有赢得任何荣誉。尽管如此，主席先生的那把刀，到头来还是只切了赛马场的那块蛋糕。

第十四章

邀约

我开始学着像意大利人一样踢球。

像意大利人一样思考。

像意大利人一样行事。

像意大利人一样走动。

去意大利人常去的地方度假。

时不时地感觉自己是意大利人，即便我仍然对身为乌克兰人深感自豪。在我的脑海、心间和灵魂中，我是伟大祖国的大使。

要完成这样的转变，我还差两步需要完成：我不像意大利人一样吃饭，也不像意大利人一样穿衣。

饮食方面，帮我的又是阿尔贝蒂尼。我经常和全队一起出去吃晚饭，而他特别喜欢带我去布里安扎地区的“波米罗”餐厅，那里由大厨詹卡洛·莫雷利掌勺。美食层面上，我是在阿尔贝蒂尼的怀抱中出生、并伴随着他的食谱长大的。刚刚来到米兰时，我不喜欢意大利面，也不知道生鱼怎么吃，更别说其他众多菜肴了。阿尔贝蒂尼就像是逐渐让我

“断奶”一样，先让我尝试比较简单的东西，然后当他认为我已经做好准备，就陪伴我去解锁不同的体验，带我尝试未知的美味。尝过米兰式烩饭和米兰炸肉排之后，我就再也离不开它们了。

至于时尚，我伸出手就触到了天花板。我遇见了乔治·阿玛尼，并与他成了朋友。他是一位伟大的人，一位思想深邃的优雅男士。在得知他在市中心有精品店后，我开始作为客户光顾那里，目之所及尽是出色的品位和格调。我喜欢店内展陈的西装，一开始本来只想买两件，最后总是满载而归。店员们知道我是一名球员，对我也都很好。有一天，我在店里购物的时候，莱奥·德洛尔科为了认识我赶了过来，他是乔治·阿玛尼的长期合作伙伴，也是 AC 米兰的忠实拥趸。他友善、亲切、非常开放，我立刻喜欢上了他的为人。他开始把衣服直接送到我家里，又在有一天对我说：“来吧，我们去认识一下乔治。”乔治·阿玛尼的家里有一间展厅，我们正是在那里喝了咖啡。当时我很害羞，那次也没说太多话，不过我记得自己说了句类似这样的话：“我知道您是个天才。”接下来我们又一起吃了几次晚餐，在阿玛尼酒店内部的高端日料店“信”餐厅和刚开业的阿玛尼咖啡厅。那里是他的“主场”，而在晚餐的团队中，科斯塔库塔也经常在列。

适应环境的过程，也可以发生在餐桌上或镜子前。

场外的一切都很顺利，可场内的情况却并非如此：2000/2001 赛季似乎并非福星高照的一年。我从未停止进球，但作为团队，我们栽了一些跟头。

在联赛赛场，我们在 12 月遭遇了低谷。

在欧冠赛场，我们在资格赛中淘汰了萨格勒布迪纳摩，我在对阵克罗地亚球队的两场比赛中打入 4 球。进入正赛，我们在第一阶段的小组赛力压利兹联、巴塞罗那和贝西克塔斯，以头名昂首出线，却在随后止步于第二轮小组赛，在圣西罗主场被拉科鲁尼亚逼平，让我们丢掉了致命的分数。这样的结果让扎切罗尼在 2001 年 3 月被解雇，我对此感到非常遗憾。我永远不会忘记感谢他，感谢他对我的态度，也感谢他给我的机会。每一段与他有关的回忆，都是美好而深情的。

接替扎切罗尼执教到赛季末的，是切萨雷·马尔蒂尼和毛罗·塔索蒂：前者是保罗·马尔蒂尼的父亲，在1963年的温布利球场，他作为AC米兰队长将冠军杯高高举过头顶；后者是保罗的队友，在1997年退役之前，他为“红黑军团”出战了400多场比赛，并赢得了一切。

“塔索蒂+马尔蒂尼”，这组合听起来不错。“马尔蒂尼”可以是父亲切萨雷，也可以是儿子保罗，这关乎基因。我对这个家庭怀有极大的尊重。保罗称呼切萨雷为“爸爸”，而不是“教练”。教练席上的全新组合，让我们收获了那场在某种程度上可以载入史册的胜利。2001年5月11日，意甲第35轮，我们在米兰德比中以6比0击败了国际米兰。那场比赛的首发阵容中还包括卡拉泽，我在基辅迪纳摩的前队友。在当年1月把他买进球队之前，贝卢斯科尼问过我：“你觉得他怎么样？”“我觉得他配得上AC米兰。”这就是我的回答。那场比赛我和贾尼·科曼迪尼双双梅开二度，费德里科·琼蒂和塞尔吉尼奥也取得了进球。塞尔吉尼奥已经不再在米兰内洛晒太阳了，那场比赛他就像是太阳本身，在他的照耀下，我们似乎也变得更加漂亮。我们很清楚，我们正在努力通过这90分钟的时间，为一个迄今为止毫无亮点的赛季赋予意义。

6比0。

一局。

一盘。

一场。

场上是11人对11人，比赛却呈现出了网球比赛的比分。安德烈·梅德韦杰夫也为我感到骄傲，他是我的朋友和同胞。密集赛程中的短暂休憩时，我们经常在蒙特卡洛乡村俱乐部的红土场打上几局。当时他让我寄住在他的公寓里，直到我也在那里拥有了自己的住所。体能上我能与他对抗，但在技术上他远胜于我，所以总能以夸张的大比分击败我。这让我感到很恼火，尽管我知道他曾经是世界第四，还在1999年法网决赛与安德烈·阿加西大战五盘。在参与的所有运动项目中，竞争意识一直伴随着我，并推动着我前进。

“安德烈，嗨，别生气。”

“好的。”但我心里总是咬牙切齿。

在网球场上对阵博班时尤其如此。2001年离开AC米兰后，他仍然是我的朋友，我们也是在乡村俱乐部打球。我以为自己打得已经很不错了，可他总是能连下两盘战胜我。有一次，我连续和他对阵了三天。第一天的比赛：6比0、6比1。我像疯了一样奔跑，博班笑了。

“安德烈，我觉得你的水平还有待提高。”

晚上我躺在床上，满脑子想着击败他，几乎整晚都睡不着觉。第二天，又是一样的结果：6比0、6比2。

“看吧，安德烈，你比昨天多赢了一局，有进步。”

第三天，结果还是一样。这真的没办法，因为他身边有一个出色的网球顾问：戈兰·伊万尼塞维奇，前世界排名第二的选手。统计数据显示，这些年来我也输给过伊万·柳比契奇，所以我将那场6比0战胜国际米兰的记忆珍藏起来，虽然比赛只有一盘，但质量非常高。不幸的是，这场胜利并不足以让我们在赛季末的积分榜上取得一个像样的排名：我们仅仅排在第六，比最终夺冠的罗马少了足足26分，也落后于尤文图斯、拉齐奥、帕尔马和国际米兰。我们即将在新赛季征战欧洲联盟杯。

我还对皇家马德里说了不。

我知道他们在关注我，尽管西班牙俱乐部从未直接联系过我，但转会绯闻一直存在。在意甲联赛尚未结束时，我接到了一个电话。

“舍甫琴科先生，晚上好。我从阿尔科雷打电话给您，我是贝卢斯科尼先生的秘书，我能把电话转接给他吗？”

我当时正坐在家里的沙发上看电视，本能地拿起遥控器把电视关掉了。

“当然可以，请转接给他吧。”

“你好，安德烈，我有件事得告诉你。”

“晚上好，贝卢斯科尼先生，我在听。”

“皇马主席弗洛伦蒂诺·佩雷斯向我们提交了一份非常高的报价，希望把你带到马德里。首先我要说的是，俱乐部绝对不想卖掉你，AC米兰没有出售球员的习惯。但我必须得问下你本人：你有离队的意向吗？”

面对这样的问题，只有两种可能：花点时间仔细考虑，或者直截了当给出回答，因为答案早已在那里摆着，只等必要时揭开。我相信很多人在面对这样的职业机会时都会动摇，但我很清楚自己想要什么。更确切地说，我清楚自己的内心所想，而情感因素在重要决定中有着不可忽视的分量。我对贝卢斯科尼如是说：

“主席先生，俱乐部收到这样的报价让我感到很兴奋。我们在谈论的是皇家马德里，世界上最优秀的足球俱乐部之一。但是，不，我没有离开的打算。我想留在这里，全情投入，我觉得自己在这支球队的旅程还没有结束。”

“很好，安德烈。”

“我想穿着AC米兰的球衣赢得欧冠冠军，AC米兰是我的家。”

“太棒了，安德烈。这番话是多么动听。”

“AC米兰就是我的皇马。”

“谢谢你，安德烈。赛季结束后你会和加利亚尼见面，讨论调整现有合同的事宜。祝你晚安。”

晚安。我睡得很香，像婴孩一样快乐而安详。我做了美好的梦，那梦境是睡前情景的自然延续。无论我是睁开双眼还是双目微闭，那故事注定会继续向前发展，按照相同的剧本进行。我看到皇家马德里成为西甲冠军，而AC米兰在意甲排名第六，我笑了。我读到皇家马德里上赛季杀进了欧冠半决赛，而AC米兰早早出局，我笑了。我知道在接下来的赛季里，皇家马德里将继续向欧冠冠军发起冲击，而AC米兰只能参加联盟杯，我笑了。我想象着皇家马德里的板凳席上坐着传奇主帅维森特·德尔·博斯克，而AC米兰在塔索蒂和马尔蒂尼之后还不知道由谁执教，我笑了。未曾动摇，未曾反悔，未曾苦闷。唯有快乐和对身上球衣的热爱。

感谢皇家马德里，非常感谢，但AC米兰万岁。同样长存的还有我在2000/2001赛季各项赛事中打进的34球。

正如主席先生预告的那样，在我出发去度假之前，加利亚尼打来电话，叫我去他的办公室。这次会面的主题是我的薪水。自打认识以来，这是我们第一次未能达成一致。我非常清楚自己的价值，因此也知道应该提出什么样的薪资标准，但对面给出的报价远远低于我的要求。我感到很失望。

“加利亚尼先生，我配得上更好的待遇。现在您已经知道我的想法了。”

“安德烈，我们不能吵架。这样吧，你先去好好度假，试着放空一段时间，等你回来后，我们再继续谈这个。”

我去了蔚蓝海岸，但不是孤身一人。我的身边是克里斯汀，一个美丽的女孩，我们一直手牵着手。

第十五章

克里斯汀

金发，高挑，会行走的完美艺术品。这就是克里斯汀。

我第一次见到她是几个月前，伴着罗素·克劳演奏的音乐。作为雷德利·斯科特电影中的角斗士，罗素·克劳从罗马来到了米兰，从罗马斗兽场来到了时尚竞技场。2001 年 2 月，作为乔治·阿玛尼时装秀的嘉宾，他在一个慈善晚会上与自己的乐队“30 Odd Foot of Grunts”在滚石音乐迪厅表演。我也受邀在场。

我感到口渴，现场人很多，我觉得越来越热。我和米兰夜场的知名人物里奇·托洛伊一起向吧台走去。

突然，她出现了，美得令人窒息。周围环绕着迪斯科柔和的灯光，让她显得神秘莫测。我的内心被爱拂过，大脑一片空白。瞬息直至永恒，心间留下印记。

我继续向前走，与她擦肩而过，我们相互对视，那场景尽管转瞬即逝，却足以长到让我永生难忘。和往常一样，我总是没法率先开口。

“嗨，你就是那个 AC 米兰的球员吗？”

“是的。”

“我喜欢看你踢球。”

“啊，谢谢。”

“我叫克里斯汀。”

“我是安德烈，很高兴认识你。”

“嗨，安德烈。”

“嗨，克里斯汀。”

待在附近的里奇已经明白了一切。他加快脚步，把我甩在了后面，这让我感觉很奇怪。

“里奇，你去哪儿？”

“我要回去听罗素·克劳，演出快结束了。”

“但是里奇，你看到她了吗？”

“嗯，安德烈……”

“你认识她吗？”

“嗯，安德烈……”

“里奇，介绍我认识她。她太美了。”

“安德烈，算了吧。”

“你在说什么，里奇？你疯了吗？”

“安德烈，真的，算了吧。”

“为什么这样说？”

“克里斯汀是皮埃尔·西尔维奥·贝卢斯科尼的前女友。”周围的喧闹掩盖了话语的一部分。

“西尔维奥·贝卢斯科尼的？”

“不，安德烈。皮埃尔·西尔维奥。他的儿子。”

“啊……”

“我认识克里斯汀，也认识皮埃尔·西尔维奥。别让我为难。”

“听着里奇，你说她是前女友？”

“是的，他们分手已经有一段时间了。”

“所以我不会犯错误，对吧？”

“不会，安德烈。”

“好的，那我想认识她。我觉得她的目光已经进入我的内心。拜托了，里奇……”

“既然如此，那好吧。”

我们邀请她来我们的桌上。她是美国人，意大利语说得不太好，而我的英语也不顺畅。但我们总能一下子就理解对方的意思。当时我们有一群人，大家都饿了，于是就去了“老猪”餐厅吃晚饭。我和一群朋友在一起，其中包括我们的门将塞巴斯蒂亚诺·罗西，而她也有朋友陪伴。我们聊了很多，用一种只属于我们的语言，那是一种词汇和感觉的奇妙混合。晚餐结束时，我们交换了电话号码。

接下来的几天里，我总是盯着那个号码，每每想打电话过去，却总是在最后时刻打消念头。我一直很害羞敏感，也因此被贴上了许多标签。两周后，我终于鼓起勇气，拨通了她的号码。我邀请她去森皮奥内公园后面的一家小日料馆，那是个非常私密的地方。我们敞开心扉交谈，之后一起出去兜风，一直开到科莫。我喜欢听着音乐开车，但更重要的是，我喜欢她。我送她回家，在楼下第一次吻了她，这让我激动万分。在那之后，我们又见了几面，开始定期约会，并建立了恋爱关系。与此同时，我的姐姐也从乌克兰来到了米兰，所以马里纳大街的那套公寓变得相当拥挤。公寓很大，却依然不足以提供我和克里斯汀需要的私密空间，当时她还和朋友住在一起。科斯塔库塔赶来救急，他刚刚买了一套新房子，于是把他位于市中心博尔戈斯佩索街的老公寓留给了我们，那是与著名的斯皮加街交错的一条小巷。他还特意加快了搬家的速度，并且在新家还没有完工时就住了进去。

2000/2001 赛季结束后，我和克里斯汀在蔚蓝海岸度过了一段美好的假期，即便临行前与加利亚尼的那次争论还是让我有些紧张。也正是在那次度假期间，我接到了来自莱奥·德洛尔科的电话。

“安德烈，你愿意为乔治·阿玛尼走秀吗？”

“我？走秀？”

“是的，6月29日我们将在米兰为品牌的2002春夏系列揭幕，也就是明年的新款。”

我与克里斯汀商量了一下，毕竟她才是一名真正的模特：“安德烈，为什么不呢？”

“好的，莱奥，我愿意，谢谢。”

我打电话给加利亚尼，因为在接受邀约之前，我还需要得到AC米兰的许可。

“安德烈，你去吧，去为阿玛尼走秀，之后你还得为我们走秀。回来的时候来一趟我的办公室，我们来把那个小问题解决掉。”

克里斯汀是对的，那真的很有趣。布拉德·皮特、詹妮弗·安妮斯顿和乔治·克鲁尼坐在秀场的前排。准确地说，起初我只是被告知他们坐在那里，因为我其实根本看不到台下的任何情况。当我走出后台，准备在乔治·阿玛尼的精彩时装秀压轴出场时，现场的灯光非常刺眼。我往前走，只能感觉到脚下的T台，摄影师的闪光灯显然没帮上什么忙。

“安德烈，拜托，不要摔倒。至少现在不要，不然你知道自己会有多出丑。”我心里一直想着这个。

一切都进行得很顺利，甚至连好莱坞的演员们也过来夸我。阿玛尼很高兴，但他当然不需要我的帮衬，来让他的时装系列看起来更亮眼。并不是我帮了他的忙，而是他给了我一份大礼。

加利亚尼给我打来电话：“干得好，我的模特。明天早上我在这儿等你。”我准时到达，以为自己还要再和他争论一次，就像上次那样。但事实并非如此。

“安德烈，一切都搞定了。”

“一切都搞定了？”

“是的，当你拒绝皇家马德里时，主席先生已经告诉过你，我们不会想着出售自己的球员。我再补充一句，我们不想卖掉他们，并且希望他们在这里过得开心。你会得到自己想要的薪水。”

我并不贪婪，从来都不，只是我知道自己配得上薪资要求。我从未在体育事务上找过经纪人，我喜欢直接与俱乐部商讨自己的未来，而不是通过中间人；我喜欢直接与谈判对象进行交流，而不是由他人代理。我最多会参照一些顾问的意见，就像在AC米兰时期的奥斯卡·达米亚尼一样。不过在个人形象领域，我的行事方式就有所不同了。在这方面，我的第一个经纪人是鲍里斯·贝克尔，别名“砰砰”。他是个很棒的人。作为曾经长期排名世界第一的网球选手，他赢得过三次温网冠军、两次澳网冠军和一次美网冠军，之后开了一家经纪公司，代理不同领域的运动员。米兰的资深律师莱安德罗·坎塔梅萨则帮助我处理法律和行政事务。与贝克尔的合作很快为我带来了一些赞助商，我与意大利运动服装品牌乐途签了约，但当鲍里斯提出为我代理体育合同事务时，我拒绝了他。可还是多亏了他，我认识了爱德华多·阿尔塔尔迪，他成了我的朋友，日后又成了诺瓦克·德约科维奇的经纪人。我有时候也会在蒙特卡洛见到贝克尔，却从未和他一起打过网球，否则我又会在乡村俱乐部遭受一场彻头彻尾的惨败，我可受不了这个。

我与加利亚尼解决了意见分歧，AC米兰开始为接下来的2001/2002赛季打造阵容。菲利波·因扎吉和安德烈亚·皮尔洛加盟了球队，教练席上坐着的则是土耳其人法蒂赫·特里姆，他的绰号是“皇帝”。一个夏天的晚上，转会市场上热火朝天，加利亚尼邀请布拉伊达、我和一些队友共进晚餐：“伙计们，我们得解决一个紧急问题。鲁伊·科斯塔想来AC米兰，他此前在佛罗伦萨和特里姆共事得很愉快，但是西尔维奥·贝卢斯科尼又当选了意大利总理，他认为花800亿里拉买一名球员是不得人心的举动。我们必须说服他。如果我们不买鲁伊·科斯塔，几个小时后他就会去拉齐奥报到。”我们吃饭的时候，加利亚尼的电话响了，他的表情一下子就变了。他吐出口中的食物，马上起身离席。几分钟后他又出现了，并且向我示意："安德烈，麻烦你过来一下。"

我们走出了餐厅。他指了指自己的手机，递给我并轻声说："电话那边是贝卢斯科尼主席，看你的了。"

我也像他之前一样，马上变了一副表情。

"你好，安德烈。"

"晚上好，主席先生。"

"听着，安德烈。这个鲁伊·科斯塔，怎么样？"

"主席先生，我们必须买下他。"

"我就知道你会这样回答。来，把电话还给加利亚尼吧。"

我往后退了几步，但还是偷听道："是的，是的，主席先生。好吧，主席先生。好的，没问题，主席先生。谢谢您，主席先生。"

通话结束后，加利亚尼向我走来，就像在看台上欢呼时一样高兴，他紧紧地拥抱着我。AC 米兰刚刚买下了鲁伊·科斯塔。

第十六章

父亲

从对皇马说不，到与加利亚尼谈判。

还有蔚蓝海岸的假期。

还有乔治·阿玛尼的走秀，以及贝卢斯科尼和鲁伊·科斯塔。

还有侄女阿纳斯塔西娅，她是我姐姐的女儿，8 月 8 日在米兰降生。

2001 年夏天发生了很多事。但最重要的是，那是与爸爸有关的夏天——8 月 17 日，他在帕维亚的圣马泰奥医院接受了心脏移植手术。

在几个月前的一次例行检查中，医生们发现他的情况开始恶化。当时，维加诺教授把我拉到一边："安德烈，不幸的是，搭桥手术并没有给你父亲提供应有的帮助。"

"我们能做什么？"

"只有一个办法——移植。"

他们把父亲的名字录入数据库，以寻找匹配的捐赠者，我知道等待的过程将会漫长而紧张。我把消息告诉了妈妈，我们决定一起瞒着爸爸：如果知道必须接受手术，他肯定会拒绝的。这是性格问题，所以我们替他做出了决定：一边是可能的生，另一边是确定的死，我们其实别无选择，唯有尽全力让他留在我们身边。

他的情况很糟，走路很吃力，心脏变得越来越大，一只肺无法正常工作，呼吸也开始变得困难。那是很艰难的时刻，我和妈妈说：“我们必须尽一切努力，确保他活到手术那天。”

为了了解他的健康状况，洛巴诺夫斯基经常从乌克兰打来电话。有一次打电话的时候，我差点被爸爸发现。当时，我正在向“上校”解释情况，爸爸从身后走过，我却没有察觉到。通话结束时，妈妈气喘吁吁地冲了过来：“哎呀，你爸爸听到你说的话了。”实际上，爸爸确实也问了我：“你是在谈论心脏移植手术吗？”

“绝对没有，你误会了。”

我不知道怎么回事，但他相信了我。或许是为了让自己感觉好些，他需要忽略那些明显的证据，逃避眼前的现实。

初夏时，他坚持要回到基辅，因为他喜欢在家里度过温暖的季节。我问了维加诺，他告诉我以目前的情况，无须禁止他搭乘飞机。于是父母出发了，爸爸很高兴，事情似乎在朝着好的方向发展，至少没有恶化。他在自己最亲近的地方休息，妈妈在旁边密切关注着他，以防他不遵医嘱，进行对健康有害的活动。

我设法抽出时间，与克里斯汀一起去百慕大岛旅行。去程需要在纽约转机过夜，然后继续飞往最终目的地。然而在来到美国之后，我接到了妈妈的电话，另一端传来的是坏消息：“安德烈，爸爸感觉不舒服，我觉得他是得了肺炎。但你也了解他的性格，他不愿意去看医生。我会继续试图说服他，并同步情况给你。”

晚些时候，手机再次响了。从基辅的深夜里，传来了一个非常低沉的声音：

“嗨，安德烈，你好吗？”是爸爸。

“我很好，你呢？”

“我在医院。”

妈妈发现他躺在地板上，她叫了救护车。

“我在纽约，爸爸。明天我就来看你。”

“我等你。”

我和克里斯汀第一时间登上了飞往华盛顿的航班。她回到了贝塞斯达的家里，我则继续搭乘飞往德国法兰克福的飞机，然后再转机前往乌克兰。整段旅程中，我的脑海中不断响起爸爸的那句“我等你”。如果我到达时再也看不到他了，那可怎么办？

飞机降落在法兰克福后，我马上打了个电话。他还在与病痛挣扎。到达基辅机场后，我直奔医院，爸爸还在那里，他信守了自己的承诺：他在等我。他甚至感觉好些了，至少他自己是这么说的。然而，医生们眼中的情况与之完全相反，一位医生把我拉到一边：“您父亲撑不住了。”

“对不起，这是什么意思？”

“心脏不再工作了。他还剩下两天时间。”

“这不是真的。”

“舍甫琴科先生……”

我闭上了眼睛，但立即又重新睁开。我不想这样放弃，也不能这样放弃。这是我欠他的，也正是他当初教导我永不放弃。我马上联系了维加诺。

“安德烈，只要他能够坐飞机，就带他来帕维亚。”

我打电话给雷佐，也通知了AC米兰。那个晚上很难熬，我希望他不要死掉。48小时过去了，乌克兰医生为父亲下的生命倒计时并不准确。我再次与维加诺沟通，他也替我感到担心。

“安德烈，我能给你提个建议吗？”

“您什么都可以做，教授。”

“好的，那么我建议你回到米兰。你需要放松一下，我知道球队的训练也快开始了。”

“这没得谈。只要有必要，我会一直待在这里。”

“安德烈，听我说，真没必要。回去吧，放轻松，我彻底研究了你父亲的检查报告。AC米兰已经安排了救护飞机，从基辅直达米兰。”

贝卢斯科尼什么都考虑到了。撒丁岛别墅里为他工作的那位女士的故事，在我的脑中一闪而过。我选择相信维加诺。

在米兰内洛，2001/2002赛季的季前训练开始了，但那时的我根本没法专心在足球上。

“如果爸爸死了怎么办？”

这个该死的问题一直萦绕在我心头。它不停地出现，持续折磨着我。我找不到明确的答案，也明白自己不能只靠希望生活。当我得知一切已经准备就绪，父亲即将被转移到意大利时，我问了维加诺：“教授，爸爸会死吗？”

“相信我，他不会死。几小时后，他就会来到我们这里，我和我的团队会照顾他。”

确实如此。实际上，在状况逐渐稳定下来之后，他甚至能够暂时出院，回到了米兰的家里。余下的只有等待。

阳光灿烂的某一天，我们接到了维加诺的通知：“来吧，是时候了。”

那是2001年8月17日。那天，爸爸有了一颗新的心脏。

我应该感谢谁？答案永远不会揭晓，事情本该如此。这种情况下，每一个生命得到拯救，都意味着另一个生命已经消逝。一个人的心脏被匆匆移植到了另一个人的身体里，前者已然离开世界，后者还要继续活着。捐赠者为受赠者的家庭带来了无尽的喜悦，却让自己的家庭陷入了丧亲的苦痛。如果我知道是谁救了我的父亲，我又要以怎样的表情去感谢他的亲人，通过何种言行让他们在某种程度上也为此感到高兴？唯一可以肯定的是，那个没有留下名字的人，在活着的时候做出了一项伟大的决定。以他为榜样，我也做出了自己的选择——将来我也会捐献自己的器官。

手术非常成功。贝卢斯科尼连续两周不停地给我打电话，询问手术后的恢复进展，加利亚尼和布拉伊达也非常关切，雷佐一直陪伴在我身边。没有他们的鼎力相助，就没有这个美好的结局。主教练特里姆和队友们告诉我，无论任何事情，我都可以找他们帮忙。在乌克兰，洛巴诺夫斯基和苏尔基斯兄弟每天都关心着情况。我则会在每天的训练结束后，去帕维亚看望爸爸。

有一天晚上，我邀请维加诺来共进晚餐。席间，他向我讲述了他的工作，谈到了自己的成就感与焦虑。我向他提出了一个特别的请求："教授，我能去现场看一次心脏移植手术吗？"

"可是你不会害怕吗，安德烈？"

"不会。"

我是一个好奇的人，这样的体验会让我清楚爸爸到底经历了什么。我想了解一切的细节，想知道当初我们全家面对的敌人到底是何种模样。此外，我从不感到恐慌：情况越复杂，我就会变得越专注。这也是洛巴诺夫斯基的教导。在那种情况下，我的大脑可以更有效地运作，寻找最快捷的解决方案。然而，维加诺只是笑了笑，他或许并没有把我的要求太当回事。

两周后的一个晚上，晚上 11 点左右，我接到了他的电话。

"安德烈……"

"我父亲怎么了？"

"没事，他很好。不过，你准备好了吗？"

"准备好什么？"

"准备来这里，我要进手术室了。"

凌晨一点，我来到了圣马泰奥医院，维加诺正在等我。

“快点，安德烈，病人已经准备好了，新的心脏马上送到。”

他们给我消毒、清洁、更衣。当维加诺向我示意时，我走进了手术室。他一刀一刀地进行着手术，同时一步一步地向我解释了手术台上正在发生的一切。我保持冷静，表现良好，看到了打开的胸腔和各种器官。病人是一个吸烟者，教授将他肺部附着的黑色斑点指给我看，那是尼古丁的残留物。在为病人移植心脏时，他还向我解释了给父亲使用的各种药物的效果，以及术后康复期各种处方药的作用。我非常确信：维加诺教授，以及那些像他这样的人，都是现象级的人物。

如果我在球门前犯了错，人们会发出嘘声。可如果他们犯了错，人们会因此死去。

第十七章

皮尔洛

特里姆不同于此前我合作过的任何教练。他给予球员很大的自由度，特别是在纪律方面。他在米兰内洛带来了他自己的哲学，与他的前任相比，训练更加轻松。我们相处得很好，关系很直接。然而，他并没有得到运气的帮助，鲁伊·科斯塔，这位他极为欣赏的球员，在对布雷西亚的首场比赛中受伤，手骨骨折。“皇帝”在米兰教练席只坚持了10场比赛，在这段时间里，他仍然设法赢得了一场漂亮的米兰德比：我们以4比2逆转击败了国际米兰，我打进了两球。贝卢斯科尼在2001年11月决定解雇他，此前的客场比赛对都灵以1比0落败，克里斯蒂亚诺·卢卡雷利的制胜球。我感到很遗憾，解雇就意味着各种意义上的失败。

与此同时，我非常想念克里斯汀。在9·11事件之后，她被困在美国。我们经常在电话里交谈，世界正在迅速变化，我意识到自己内心空虚。我身体里的一部分已经处于另一个大洋彼岸，被未知的人困住，也许正受到攻击。日子一天天过去，我对我们一起度过的时光越来越怀念。

“克里斯汀，你什么时候回来？”

我一直问她，但这并不取决于她，航路仍然关闭。我非常担心。双子塔，五角大楼，联合航空93号航班：死亡从天而降。我担心她会发生不好的事情，所以，凭空多了一个想法，这种固定的干扰需要被屏蔽。距离拉远了，于是，我们就花很多时间聊天，我试图以此来与她亲近，用言语来保护她，一个“我想你”是对我们的保护。

当克里斯汀回到了米兰，我们坐在一起交谈。

“安德烈，经历了这么多事情之后，我在考虑回美国稳定下来。”

“回美国？”

“我的租房快到期了，几天后我母亲会来帮我搬家。”

“克里斯汀，听着，你留在这里和我一起。我们有科斯塔库塔留给我们的公寓，我们试着一起生活，看看会怎么样。”

“但是安德烈……”

“克里斯汀，没有你我无法生存。你是我的一切，是我最美好的想法。当你不在时，我感到生不如死。我……我……”

“你？”

“我爱你，克里斯汀。”

她的眼睛变红了，我们的眼神相交，同时感动了彼此，甜蜜的泪水默默地流淌。在重新开始交谈之前，我们更加自由，更加幸福。

“安德烈，我们已经在一起一段时间了，你从来没有告诉过我这些。为什么？”

“因为当你在身边时，或许，我认为这些感情理所当然。从我们分开的那一刻起，我就感到无法呼吸，请留在我身边。”

“安德烈……”

“克里斯汀……”

“好吧。”

“你说什么，克里斯汀？”

“是的，安德烈。是的，我愿意。我们一起留在米兰。”

我爱她。我用尽全力爱她。如果有必要，我会跟随她去贝塞斯达。她妈妈最终还是来到了米兰，确实帮助她搬了家，但是她搬到了波尔戈斯佩索街的公寓，我们的避风港。

在球场上，我与卡尔洛·安切洛蒂也迸发出火花，他取代并继承了法提赫·特里姆。作为AC米兰的中场球员，安切洛蒂赢得过两个意甲联赛冠军，一个意大利超级杯，两个欧洲冠军杯，两个欧洲超级杯和一个洲际杯，也就是说，他取得了一切可能的荣誉。在意大利、欧洲和世界范围内掌控着比赛，正如贝卢斯科尼所要求的那样。现在，他将再次尝试成为一名教练。在更衣室里，很多人已经与其相熟，从马尔蒂尼和科斯塔库塔开始。为了向我们介绍他，主席乘直升机飞到了米兰内洛：这是个好兆头。第一印象非常好：在训练时，安切洛蒂是一个教练，一个领袖，但在场外，他像我们一样行事。没有话题是禁忌的，他会开玩笑，讲笑话，如果你遇到麻烦，你知道他会倾听，他会帮助你解决问题。他如果开心了我们也立刻能感知到：他吃得会比平常多。

安切洛蒂立即就注意到了皮尔洛，他在特里姆的执教下很少出场。队友间早就知道他有多强，他每一次训练都会演变成一场表演秀。从技术上讲，他是我见过的最好的球员。他会带着尊敬对待足球。在压力下，他控制住球；周围一片混乱，他控制住球；被紧密盯防，哪怕双人包夹，他依然控制住球。突然间，他准确地将球传给纵深处的前锋，完美地读懂了对方的动作。他能够将球传递到极小的空间里，看到其他人看不到的路径，他是在自己的舞台上舞动。

我们在更衣室里谈论他，而他并不知道：“为什么他从不上场呢？”

在安切洛蒂执教时，我们再也不需要疑问了：他坐定了主力位置，安德烈亚·皮尔洛就站了起来。安切洛蒂将他调整到了防线前面，给予了他更多的空间和时间去操作。皮尔洛的表情一成不变，每时每刻都一样。你无法分辨他是开心还是生气，他也从不表现出来，尤其是在戏弄加图索的过程中，加图索是他最喜欢开玩笑的对象。他对加图索说些假话，加图索信以为真。然后又对他说些真话，加图索则认为是假。他把加图索逗得发疯，但他们立刻就成了好朋友。有一次在场上发生了争斗，涉及两名队友，安切洛蒂把所有人都赶回了更衣室。最后一个进去的是皮尔洛，他拿着两只拳击手套出现了，从米兰内洛的健身房找来的。他把拳套分别交给了争执的两个人，他们都笑了，紧张气氛消失了，问题解决了。他展现了个性，团队正在壮大，一个伟大的米兰正在崛起。尽管那个赛季受伤的人很多，包括皮波·因扎吉，但我们能感受到未来蕴含的能量正在到来。

我在身体状况变差之前一直取得进球。到了 2001 年 12 月，我已经攻入了 14 球，其中 11 球是在联赛中，3 球是在欧洲联盟杯中。随着 2002 年的到来，进球急剧减少。一天下午，在米兰内洛的一场内部赛中，我正准备接球，马丁·劳尔森从后面重重地撞到了我。队友们责备他："如果你在比赛中也能这样干就好了。"接下来的几天，我继续训练，似乎只是有一大块瘀血，没有更多的问题，但我感到疼痛，跑步都困难，更别说踢球了。我总是想要活动，我去跑步，去健身房。在球场上每一次冲刺，都是一阵剧痛。但我很难完全停下来，从基辅迪纳摩队的时候就是这样。甚至有一次，洛巴诺夫斯基开除了一位建议我缺席过一次训练的医生，因为我发烧 39 摄氏度。"上校"冲进了我的房间，命令我立刻去球场，队友们正在等我。因此，即使在 AC 米兰，我也花了一些时间才自我说服不要勉强自己，在此期间，我一直在努力训练，但疼痛并没有减轻。感谢 AC 米兰的医生鲁迪·塔瓦纳，我们一直保持着良好的关系，并通过一些特定的检查，我发现了问题所在——肌肉拉伤。劳尔森撞击到了一个区域，那里有一个几年前的旧伤疤。由于组织不够有弹性，在那里出现了损伤。正常情况下，击打力量会被吸收，但肌肉却撕裂了。直到这一刻，球队的医疗团队才强制我停止比赛。

到了2002年4月4日，联盟杯半决赛首回合以一边倒的结果结束——多特蒙德4比0大胜AC米兰，阿莫鲁索帽子戏法，海因里希打入一球，威斯特法伦球场宛如地狱般恐怖，次回合比赛定于下周在圣西罗球场举行。

加利亚尼开始还坚持："安德烈，我们需要你，你必须出场比赛。"

安切洛蒂也持相同观点："舍瓦，咬紧牙关，我们必须试图逆转。"

我没有退缩，我永远不会退缩，但我还没有康复，事实上我表现得很糟糕。到了第92分钟我们还以3比0领先，但最终以3比1失利，我们被淘汰了。我还被安排在联赛中出场，外界开始批评我，一些记者写道我想离开米兰，说我被其他想法所分心。

加利亚尼很担心，他叫我到办公室："安德烈，有什么不妥吗？"

"加利亚尼先生，让我这么快上场是个错误，我感觉不舒服。而且，在我的职业生涯中，很多次我都强迫自己上场，为了球队的利益，但我相信，对于严重的伤病，彻底康复后再重新投入比赛更好，而这一次并没有发生。"

那一年的结局变得复杂起来，我已经不再是以前的自己，最好时期的状态已经成为遥远的记忆。在意甲联赛中，最后两轮非常关键，我们在这两场比赛中都取得了胜利：客场2比1击败维罗纳，主场3比0战胜莱切，在后一场比赛中我攻入了一球。我们在最后时刻成功地跻身联赛第四，排在尤文图斯、罗马和国际米兰之后，领先新晋劲旅切沃1分，领先拉齐奥2分。由于这个位置，我们在接下来的赛季将参加欧洲冠军联赛的资格赛，那是传奇的2002/2003赛季。

第十八章

欧冠

亚历山德罗·内斯塔。

克拉伦斯·西多夫。

里瓦尔多。

高尔夫。

在夏季转会市场的签约中，我选择这四个。

前三名是AC米兰的球员，最后一个为是我自己，一个我几个月前偶然发现的运动项目。多亏了我的朋友马努埃尔，他住在乡村，靠近一个高尔夫练习场。

他问我是否想试试，我回答说是，主要是出于好奇和礼貌。我本能地用右手挥杆，效果不好。我尝试用左手，球就开始飞行起来。毕竟，我在冰球场上也是用左手的，虽然我并不是天生左撇子。我把高尔夫当作临时的体验项目，但在赛季结束后去百慕大度假时，我却被它深深吸引了。第一天的海滩假期让我很享受，第二天也是，第三天开始感到无聊。克里斯汀建议我去附近的高尔夫俱乐部转转。

“这不是属于我的游戏，我已经试过了，我不擅长。”

“再试一次，安德烈。”

她了解我，她也了解那项运动，因为她在贝塞斯达的国会高尔夫俱乐部长大，那是热爱高尔夫的人的一个标准地点。克里斯汀实际上是一名高水平游泳运动员，她曾经接受过训练，希望能够加入美国国家队，但她偶尔也会关注高尔夫球场。然后，她不得不在游泳池和 T 台之间做选择，并选择成为一名全职模特。她的父亲迈克曾经是美国棒球大联盟明尼苏达双城队的投手。

她是对的。高尔夫球越来越吸引我了。这就是蛛网理论：出发时你是一只昆虫，归来时终成蜘蛛。它将你困住，你成了它的主人，这是往返球洞之间的自然过程。因为我的性格，每当我打错一杆时，我都会有尽快回到那个点上的需求，为了不再犯错，为了取得进步。这是一种循环的愿望，沿着自己的直径周围重新生长。

每天早晨我都会拿起球具打球，下午游泳，晚上跑步。2002/2003 赛季开营时我在米兰内洛状态不错。8 月 14 日，我们就已经在圣西罗对阵利贝雷茨的欧冠资格赛首回合的正式比赛中亮相。我们以 1 比 0 获胜，多亏了因扎吉。比赛快结束时，一次异样的移动，我的膝盖开始耍起了性子，疼痛难忍。在这种情况下，是不能立刻做出诊断的，在了解具体情况之前必须等待、期盼。安切洛蒂给我放了两天假，我和克里斯汀驾车前往蒙特卡洛，我开车。我们几乎是在夜里到达的，我立刻上床睡觉了，早上醒来，我的膝盖已经非常肿胀，不适感增加了，于是我给塔瓦纳拨打了电话。

“医生，这里有些不对劲。”

“蒙特卡洛吗？”

“不，我的膝盖里。”

“明天我给你看看。”

我重新出发，往米兰赶去，还是我开车。问诊和随后的检查结果令人震惊：外侧半月板撕裂。我一直有很高的疼痛阈，所以我很难意识到自己真的受伤了，但事情发生了。

“安德烈，很抱歉，你需要动手术。”

我飞往比利时安特卫普，找马克·马尔滕斯教授主刀手术。

然后我回到了米兰内洛进行复健，然后再次前往安特卫普，做检查和物理治疗。

我每天都练两次，每天如此。当夜幕降临时，就像宵禁开始一样：人们早早用完餐，城市变得空旷，但夜色怡人，市中心只有寂静。我漫步思考，享受风景——色彩与想象。我的想象中有比赛的画面。在我开始增加负荷以加强肌肉时，由于做得太过火，膝盖又肿了起来。塔瓦纳生气了，他之前从没生气过。

“安德烈，现在你真的需要保持冷静。”

8月28日，我把围巾系在脖子上，成为一名球迷。米兰加油，队友们在对利贝雷茨的客场比赛中踢成了1比2，我们输掉了比赛，但成功晋级了，我们进入了欧冠正赛。就像温布尔登的网球选手一样，“抢七大战”只能活一个。

与此同时，安切洛蒂已经重新设计了米兰的战术，以因扎吉为参照，他是4–3–2–1阵形中唯一的前锋，也就是所谓的“圣诞树阵形”。那段时间对其他人来说是一个节日，而我仍然是一个包裹紧闭的箱子。球队表现不错，进球很多。在意甲联赛中：9月14日对摩德纳打进3球（因扎吉梅开二度），9月21日对佩鲁贾3球（因扎吉1球），9月28日对拉齐奥1球，10月6日对都灵6球（因扎吉帽子戏法），10月20日对亚特兰大4球。在欧冠联赛中：9月18日对朗斯打进2球（因扎吉梅开二度），9月24日对拉科鲁尼亚4球（因扎吉帽子戏法），10月1日对拜仁慕尼黑2球（因扎吉梅开二度），23日，再次面对德国球队，再次打进2球（因扎吉1球）。

同一时间，我已经重新开始与队友参加完整合练，我感觉自己已经准备好了。我已经康复了，但却没有出场，我只能看着比赛。在一次训练结束后，我敲开了米兰内洛教练办公室的门。

“卡尔洛，我能和你谈一下吗？”

“当然可以，安德烈。”

“听着，卡尔洛，我能理解你。我受伤了，你改变了首发阵容，让AC米兰只派上一名前锋。我只想告诉你，我并不满意，我正在恢复，我感觉很好，我想要更多的出场时间。”

“安德烈，我也想和你说清楚。我们现在是用这种阵形踢球的，我们赢球了，所以我没有改变的意愿。我们会继续如此，皮波一直在进球，你必须等待你的机会。”

当我没有首发出场时，在下午的圣西罗正常比赛安排结束后，我会开车和雷佐前往米兰内洛。我会独自训练，跑步、射门，做一些练习。第二天再回来，和球队一起正常训练。我不能停下来，正如洛巴诺夫斯基所说的，我的身体会受到负面影响，我会失去节奏。90分钟能改变世界上的一切。

和安切洛蒂的谈话之后，我要求会见加利亚尼。

“安德烈，你这是什么表情？”

“加利亚尼先生，我都没出场过。我觉得现在是我换环境的时候了，尤其是如果事情继续这样发展下去的话。”

“安德烈，这里是你的家，不要想着离开。我们先看看情况，然后到12月再讨论。”

那是10月份，我坚信我会离开AC米兰。我还和奥斯卡·达米亚尼谈过，请求他开始留意周围，了解可能的去向，总会有一支大俱乐部在寻找前锋。

我只能随便踢踢，我必须满足于碎片式的比赛时间和零散的场地。我经常被列入替补名单。直到2002年11月26日，欧冠联赛小组赛第二阶段的首轮比赛，我终于迎来了机会。更确切地说，在圣西罗球场迎来了皇家马德里，他们队中有罗伯特·卡洛斯、菲戈、齐达内、劳尔、莫伦特斯等球星。有些队友由于一直踢比赛，已经感到疲劳。因扎吉就是其中之一，于是安切洛蒂叫到了我：

“皮波需要休息。安德烈，轮到你了。”

“卡尔洛，我准备好了。”

我把这看作我最后的机会之一，也许是最后的机会。

我必须发挥出色并且进球。

我的确表现出色并进球了。

我感觉到腿部的力量，头脑完全清醒，那次冲刺简直绝妙。我们1比0获胜，感谢鲁伊·科斯塔的助攻。一个马努埃尔让我发现了高尔夫，另一个马努埃尔（鲁伊·科斯塔的名字也叫马努埃尔）让我重新发现了AC米兰。思想再次不染尘埃，思路清晰。我想念这种感觉，现在我重新翻开了那本我之前打算在结局前放弃的书。4–3–2–1阵形变成了4–3–1–2阵形，在前场两个位置里有我和因扎吉，我们联袂可以发生一些独特的事情。一次全新的日程，对我来说也是在过圣诞节。

我们在意甲联赛上半程以第一名结束，但我们最后并没有赢得联赛冠军。欧洲冠军联赛吸引了我们的注意。欧洲足坛正在寻找它的王者。在AC米兰对阵皇家马德里的比赛后，比赛走上了正确的轨道，尽管出现了一些意外。

多特蒙德0比1不敌AC米兰。

AC米兰1比0莫斯科火车头。

莫斯科火车头0比1不敌AC米兰。

皇家马德里3比1战胜AC米兰。

AC米兰0比1多特蒙德。

小组赛第二阶段排名：AC米兰12分，皇家马德里11分，多特蒙德10分，莫斯科火车头1分。我们和皇马一起晋级到了1/4决赛，在那里我们遇到了伊布拉希莫维奇的阿贾克斯。对手年轻而强大。在阿姆斯特丹竞技场，比赛以0比0结束，在圣西罗的次回合比赛要精彩得多。

第30分钟1比0：因扎吉进球。

第63分钟1比1：利特马宁扳平。

第65分钟2比1：我得分了。

第78分钟2比2：皮纳尔再度扳平。

到了第90分钟，比分仍然是2比2。也就是说，阿贾克斯即将庆祝晋级，尽管在那个时刻我们也没有感到迷失，却濒临毁掉我们的赛季。

然而。

在第91分钟，伟大的布罗基（他已经去打右后卫了），在我们的半场靠近角旗的位置，摆脱了伊布拉希莫维奇的逼抢，然后将球传给了我。

我看到内斯塔空位站在区域线附近，我立即传球给了他。

内斯塔传球给了科斯塔库塔，他开始朝前跑。

科斯塔库塔找到了马尔蒂尼，他在左边路中场位置。

马尔蒂尼为安布罗西尼送出了一个完美的传球，他就站在荷兰球队禁区的边缘。

安布罗西尼不等球落地就将球顶给了因扎吉，后者在禁区内准备接球（因扎吉总是在禁区内准备接球）。

因扎吉脚尖一点，让球越过了阿贾克斯的门将洛邦特。

然而，托马森像因扎吉一样，为了消除任何疑虑，在球进入球门之前一毫米处碰到了球，将球猛地送入了网窝。他将进球归为己有，为我们送上了3比2的比分，敞开了通往晋级的大门。

不可能变成可能，一切皆有可能发生。

在半决赛中，我们将面对国际米兰。

第十九章

决赛

2003 年 5 月 7 日，米兰圣西罗球场：AC 米兰 0 比 0 国际米兰。我们的首发阵容是：迪达、科斯塔库塔、内斯塔、马尔蒂尼、卡拉泽、加图索、布罗基、西多夫、鲁伊·科斯塔、我、因扎吉和塞尔佩洛尼·皮耶罗。

2003 年 5 月 13 日，米兰圣西罗球场：AC 米兰 1 比 1 国际米兰。我们的首发阵容是：阿比亚蒂、科斯塔库塔、内斯塔、马尔蒂尼、卡拉泽、加图索、皮尔洛、西多夫、鲁伊·科斯塔、我、因扎吉和塞尔佩洛尼·皮耶罗。我们不可能不晋级，我们两次都是十二人出战。

有时，突然间，仿佛是一种没有时间限制的本体，一种来自过去投射的烦恼，我又感受到了劳尔森在训练中对我的撞击。一种来自虚无的痛苦，一种再次显现的不适，就在欧冠两场德比的前几天。我不知道该怎么摆脱，我和队友们谈论过。在米兰内洛的更衣室里，皮尔洛走了过来。

“安德烈，我可以给你一个建议吗？”

用一种冷静的语气，用他那特有的表情，我不知道他是在开玩笑还是真的想帮助我，后者是个好的选择。

那是个特别敏感的时刻，那是我的时刻，也是他的时刻，除此之外，也是AC米兰的时刻。所以，是我们的时刻。

“当然，安德烈亚。”

“我认识一个人在布雷西亚……”

他一直信任的一个理疗师。我拿到了后者的电话号码，安排了一次会面，然后去找了他，于是对面出现了一个一百千克的大家伙。

“很高兴见到你，我是皮耶罗，塞尔佩洛尼·皮耶罗。”

就好像007电影中的特工，服务于女王，拥有杀人许可，他这样自我介绍：“我是詹姆斯，邦德·詹姆斯。”听起来真实，但也有点奇怪。确实，无论如何，塞尔佩洛尼·皮耶罗，或者皮耶罗·塞尔佩洛尼，总归是一个奇才。他给我按摩了两个小时，把我按得支离破碎的，晚上我感觉自己已经七零八落，而第二天早上却像个重生的球员，做好迎战国际米兰的准备。从那时起，我再也没有离开过他，而且在许多场我的胜利中，他都有出一份力。实际上，考虑到他的力量，应该说出了很大一份力。我喜欢米兰内洛的理疗师，也喜欢他，他们一起，看起来就像是肌肉理疗届的梦之队。

对阵国际米兰的首场比赛的前一天，我感觉真的很好，很平静。

起床，训练，淋浴，午餐，玩PlayStation里的高尔夫游戏，两个小时的小憩，一些音乐，午后的果酱馅饼和水果榨汁，技战术会议，最后一批要放进手提箱的衣物，乘坐巴士前往体育场。这是一个不寻常的日常，因为动作是一如既往的，但心跳却更加不规律，截然不同，它们在胸膛里强烈地撞击。心脏在呐喊，它要求属于自己的空间，发出明确的信号，特别是其中一个：不能只靠战术生存。组织性与浪漫主义，这就是探索和书写的公式。在球场上，我们看到了一场棋局，心理上的对决，以0比0结束，对我们来说也可以接受，因为理论上我们是主场作战。去到客场，我们的每个进球都将价值翻倍。我们保持了大门不失，确保了相对宁静的一周，考虑到在这种情况下保持冷静是很难的。在两场德比之间，5 月 10 日，我们在联赛中输给了布雷西亚，但这并不重要。当然，我们感到很遗憾，但也就到此结束了。然后又是国际米兰，又是圣西罗，还有那些印在脑子里的时间节点，那些待办事的清单，那些精神上的战栗，而米兰城处于窒息中。

依靠我的进球，我们取得了领先，那是上半场补时的第 1 分钟。裁判吹哨之前是不能死去的。来自西多夫的助攻，我试图过掉科尔多巴，球碰到了我的左脚和他的右腿之间，我顺势铲射，越过了托尔多，进球的同时我身体才落地，一次甜蜜的倒地。对手扳平比分的进球在第 83 分钟到来，由奥巴·马丁斯打进，他庆祝时做了三个推手翻和一个空翻。接近结束时，阿比亚蒂用小腿挡出了卡隆的射门。比赛就这样结束了。对我们来说是 1 比 1，这个平局有胜利的味道。

我欣喜若狂，我们进入了欧洲冠军联赛的决赛。我奔跑着，笑着，喊着。然后，远离别人的目光，我停下来抬起头。我望着星星，说了声谢谢。谢谢你，瓦列里·瓦西里耶维奇。

恰好一年前的 2002 年 5 月 13 日，洛巴诺夫斯基走了。他搬到了另一个天空之上。我当时随米兰在纽约参加巡回赛，鼻子手术后正在康复，所以没有上场比赛。从基辅传来了可怕的消息，63 岁的“上校”在迪纳摩客场对阵扎波罗热冶金的比赛中感觉不适，再也没有恢复过来。那段时间很难熬，就好像在那一刻，我的世界失去了一些光明，一些希望，一些安全感。更加黑暗，更加阴郁，更加危险，内心深处毁灭性的打击。我从美国去了乌克兰，就像我曾经希望发现我父亲还活着一样。在迪纳摩体育场设立的灵堂，整个城市都在哀悼。在葬礼阶段，街道上几乎有 20 万人。一股人潮，一场纯爱的海啸。有些人在向一个英雄道别，有些人向祖国之父道别，而我向改变了我的人生——不仅仅是体育生涯——的那个人道别。我产生了一些不理智的想法，我希望他能从这个不可逆转的睡梦中醒来，把误诊的医生赶出去，就在所有人面前，就像那个曾经因为我发烧而不让我训练的医生一样。

在乌克兰，通常在丧礼后，传统上会为刚刚去世的人举办一场盛大的宴会。这是最后之旅前的相聚。我们迪纳摩的前队员们在一家餐厅相会，用眼泪和酒精缅怀他。

在圣西罗的神奇之夜，我向他致敬，感谢他让我们晋级欧洲冠军联赛的决赛。但这还不够，我欠他更多。一年已过去，但感觉就像昨天。这是一个痛苦的伤口，比劳尔森对我的撞击更痛了亿万倍。这是一种深刻的伤痕，斩断了回忆。

赢得冠军奖杯已经成了我固有的想法，比以往任何时候都更加强烈。我默默地向他承诺："我会赢得冠军，并把它带给你。"这是我生命中第一次用你来称呼他。也许因为这样，我想在某种程度上弥补一下距离，不是我和他之间的距离，而是我所处的位置和最远处之间的距离，最后一次的不适让他永远留在了那里。

我们还不知道我们将要面对谁。我们知道比赛地点是曼彻斯特的梦剧场老特拉福德，但我们不知道对手。我们正在等待第二场半决赛的结果，安排在我们比赛的次日晚上，尤文图斯和皇马的对阵。在首回合中，皇马在伯纳乌球场以 2 比 1 获胜。在都灵，里皮的球队扭转了一切预测：3 比 1，另一场全意大利的对决即将展开。但在此之前，还有另一件事情要解决，并非次要等级：意大利杯决赛首回合对阵罗马，定在欧冠决赛 8 天前的夜晚——5 月 20 日，在奥林匹克体育场。我们不能忘记这一赛事，不能轻视这项义务，奖杯永远是奖杯。比赛进行得很顺利，我们以 4 比 1 获胜：在托蒂的进球后，我们由塞尔吉尼奥扳平比分，然后由安布罗西尼再次领先，然后还是塞尔吉尼奥，最后一个进球是我打入的，我一开始是替补球员。对于那支米兰队来说，每场比赛都是真正的决赛，而不是现在教练、球员和所有人已经惯用的陈词滥调，恨不得从联赛第一天就开始念叨。对于那支米兰来说，每场比赛都是确实的决赛。

在接下来的几天里，我尝试留意安切洛蒂在米兰内洛的一举一动。他的眼神比以往任何时候都要明亮，他明显地想要向一个并不欣赏他的环境、一群对他唱着“一头猪不能当教练”的球迷复仇，他们说他总是拿到第二名。在罗马，他作为球员踢得非常好；但在都灵，作为教练，情况就不一样了。一周之内，他与他的两个旧爱相交：一个像那座城市一样永恒，是他曾经的背景；另一个结束得很糟糕，从未实现过抱负。一切都进行得很顺利，倒计时开始。我们看起来完美无瑕。

贝卢斯科尼乘直升机降落在我们中间，加利亚尼在他忙碌而不停歇的路线上，从他的办公室到图拉蒂大街的奖杯室来回穿梭，他注视着架子上的五个欧洲冠军奖杯，思考着要把第六个放在哪里，然后摇摇头，回过头去，做出戏剧性的手势，然后又循环一轮。

布拉伊达不停地整理着头发。

马尔蒂尼很平静。

科斯塔库塔很淡定。

他们两人已经三次举起过那个奖杯，知道该怎么做。看着他们的举止，我们有了安全感，同时也感到了力量。我们球员们对他们进行了研究，尽管我们对他们已经了如指掌。我们寻找新的细节，不寻常的目光，值得发挥的小细节。他们是两本活着的使用手册，读懂了他们的言外之意，一切都变得简单了。我们向他们提出了许多问题，每个问题都有答案。在更衣室里有像他们这样的参考对象，使得等待变得更轻松，睡眠更加安稳，对未来的思考更加清晰。我们即将踏上的旅程仍然是色彩鲜明的，但凝视着它们并不会伤害到眼睛。

整个米兰内洛都紧密在我们周围。这是一个童话般的地方，住着一群了不起的人，也许没有王座，但却被我们充分的敬佩所包围。AC 米兰体育中心的员工们早在球队之前就开始准备曼彻斯特决赛了。他们不停地工作，以确保我们什么都不缺。厨师们、服务员、清洁工、安保人员，每个人都为我们全力以赴。他们的每个人为了我们的任何一个：红黑军团万岁。他们 24 小时全天候为我们提供服务，无论有什么需要，无论发生什么情况。

壁炉厅是球队的常去之地，我们在那里相约聊天，谈论即将发生的事情，训练结束也会开开玩笑。有时我会晚一些追上我的队友们，直接球场上见。

“舍瓦，你去哪了？”

“对不起，伙计们，我去练习罚点球了。”

第二十章

点球大战

在莫特拉姆霍尔有一个拥有18洞的果岭，我们在英格兰的集训酒店就像一个和平绿洲。对于球队来说，这是三天外在和谐与内在烦躁的结合，在曼彻斯特靠近郊区的麦克尔斯菲尔德，就像一场摇滚演唱会前进行古典乐演奏。

我的房间是面对高尔夫球场的。离决赛只有数小时，我打开窗户看到因扎吉在草坪上。他独自行走，自言自语。他在模拟跑动、射门和过人，只有他能感受到对手的存在。他转过头，再向前观察，然后冲刺几步，确保自己没有越位。他在与尤文图斯对战，尽管尤文图斯并不在场，他用紧张的方式应对等待。我关上窗户然后让自己睡着了。本来的计划就是下午安排小憩，对于那些能睡着的人来说，我成功做到了，早一步开始梦想。

我重新醒来已经在老特拉福德，更衣室很小，也不太舒适。四面墙笼罩着寂静，我绑紧了脚踝，按照邀请函中的着装规范，穿上了我的7号球衣。它看起来比平时更漂亮、更闪亮。我前往场地开始热身。要到达那里，必须穿过一条短而宽的隧道。从昏暗到灯光闪耀只有几米，从一个柔软的环境到一片喧嚣。我投去一瞥，那是一个分成两半的体育场，一半是我们的，一半是他们的，至少一开始每个人都有自己的空间。在看台上有克里斯汀，我的家人，她的家人，我的朋友和我们的朋友。在有球训练之前，内斯塔走近了我。

“安德烈，我呼吸困难。”

“桑德罗，我也一样。”

兴奋会传染。

我们重新踏上更衣室之路，向贝卢斯科尼和管理层告别，接受安切洛蒂的最后指示。时刻已到，我们该上场了。我排在队伍的第三位，在队长马尔蒂尼和我的朋友卡拉泽之后，但是在加图索身前。与几分钟前站在球员通道外不同的是，新奇的东西出现了，那就是欧冠冠军奖杯。据说在赢得比赛之前触摸它是不吉利的，但我认为这种想法主要是来自不安全感。引人注目、优美、绝妙，比她更美丽的只有克里斯汀。就在那一瞬，我想我同时爱上了她们两个，我感到有点内疚。我擦肩而过，轻轻抚摸了她一下，感受到了冲击，一种贯穿我的能量。比赛开始了。

“桑德罗，你好了吗？”

“安德烈，我还没好，你呢？”

“我也没有。”

五分钟后，紧张感消失了。一招接一招，一击接一击，每次只能前进一厘米。这可能不是从美学角度最强烈的比赛，但没有人放弃。一开始他们取消了一个我的进球，布冯扑出了因扎吉的一脚射门。而另一边的安东尼奥·孔蒂在出场后用头球击中了横梁。90 分钟，比分是 0 比 0。120 分钟后，加时赛结束，还是 0 比 0，罗克·儒尼奥尔尽管受伤但仍然留在了战场中间，点球大战开始了。

安切洛蒂把我们召集到了一起，列出了主罚手。

“安德烈，你要么是第一个，要么是第二个。”

“不，我最后一个上场。”

他们称之为玩乐透，这是错误的。如果是，那将取决于偶然，但事实上人为因素很重要。即使在决赛前夜，我也在点球点前进行了训练。尤文图斯先开始，轮番出场了。

特雷泽盖：迪达扑出。

仍然是 0 比 0。

塞尔吉尼奥：球进。

1 比 0，AC 米兰领先。

比林德利：球进。

1 比 1。

西多夫：布冯扑出。

仍然是 1 比 1。

萨拉耶塔：迪达扑出。

点球一直是 1 比 1。

卡拉泽：布冯扑出。

1 比 1，再一次。

蒙特罗：迪达扑出。

最后一次，仍然是 1 比 1。

内斯塔：球进。

2 比 1，我们领先。

德尔·皮耶罗：进球。

2 比 2。

尤文图斯犯了三个错误，而 AC 米兰犯了两个，现在轮到我了。内斯塔应该告诉我这是一件紧急的事情：“如果你进球，我们就是欧洲冠军了。”他恢复了呼吸。

从中圈到点球点就像在月球上漫步，四十米的距离。施帕科夫、切尔诺贝利、爸爸、妈妈、我的妹妹、已经去世的朋友、在阿格罗波利的那次、我用来缝制伊恩·拉什球鞋的线，那些让我在大学足球测试中落选的东西。是的，所有那些。

莱森科、奥尼申科、迪纳摩二队、军事学校的阴影、乌克兰的独立、萨波、帕夫洛夫、雷布罗夫和他的无线电设备、洛巴诺夫斯基、雷佐、国家队球衣、加尔比亚蒂的报告、诺坎普球场、苏尔基斯兄弟、迪纳摩一队、特勤护卫，再加上AC米兰和球队的所有主角们。

难以相信，在如此短的时间里，如此狭小的空间里能容得下多少思绪，多少人物。过去的闪光，你以为已经结束的暴风雨。你重复着对自己说着那句孤独的话："安德烈，无论发生什么事，一旦你决定踢哪边，就不要改变主意。"我拿起球，放在地上，它很有分量。

裁判名叫马库斯·默克，德国人。我看着他，然后看了看布冯。然后再次看了眼裁判，然后是布冯。就这样重复了四次，直到比赛官员向我示意。你可以踢了，舍甫琴科。

球迷的噪声盖过了他的哨声，如果没有他的允许，我不知道我会继续寻找他的目光多久。

"冷静，安德烈。"这是我允许自己说的最后一句话。我舔了舔下唇，它很干。

奔跑。

射门。

布冯向他的右边移动，我射向了左边。

球进。

3比2。

AC米兰是欧洲冠军。

第一个拥抱我留给了迪达。你可能会认为我选择他是因为他在对特雷泽盖、萨拉耶塔和蒙特罗的扑救中起到了决定性作用，但事实并没有那么诗意。简单地说，他是我在癫狂的奔跑中遇到的第一个人。保罗·马尔蒂尼举起奖杯是一种永恒的文身，那种看不见但存在着的文身。它是宝贵的记忆，无法抹去的记忆。当他把奖杯递给我时，我明白了一切都是真实的。每一步都是一张照片，每个人都有一次握手。在更衣室里，还有与贝卢斯科尼、加利亚尼和布拉伊达的快照。祝酒声，欢呼声。当所有人离开后，我依然无法凝聚足够的力量去洗澡。比赛结束了，好像只剩余了几厘米的跑动量。指示灯闪烁着，我的能量即将耗尽。我用毛巾裹着腰，蜷缩在角落里。我睡了二十分钟，被比赛的疲劳和紧张压垮了。然后我洗了个澡，我们都回到了酒店，那里有亲戚和朋友在等着我们。我亲了一下克里斯汀，又亲了一下奖杯，我仍然感到错乱。那里放着红酒和十几箱啤酒。

在喝到最后一杯时，塞尔吉尼奥坚持说安切洛蒂是他的爸爸。

凌晨五点，我们闯入了高尔夫球场，把它当作足球场，重现了老特拉福德的比赛。AC 米兰对阵 AC 米兰，无论如何我们都会赢，再一次。起初有 18 洞，然后加图索像耕犁一样“温柔”地经过，于是球洞远比之前更多了。麦克尔斯菲尔德奇迹发生了，“小鸟”和“老鹰”* 的数量增加了，超过和低于标准杆。第六个欧洲冠军联赛奖杯将被置于荣誉柜里，加利亚尼欢呼雀跃。当他偷偷地在奖杯室里测量时，他已经预见了一切。刚从曼彻斯特回来，他就把奖杯摆在了量身定制的位置上：就在五姐妹的旁边。

---

* “小鸟”和“老鹰”都是高尔夫术语，指击球杆术低于标准杆 1 杆和 2 杆，在这里是调侃球员们一通乱踢。

第二十一章

卡卡

飞机下降的时候可以看到米兰内洛。2003年5月29日，我们系上了安全带，降落在马尔彭萨机场。

一位机长打开了驾驶舱的小窗户，挥舞着一面红黑色的旗帜。

而AC米兰队长与安切洛蒂则准备就绪，从飞机舷梯上展示欧冠冠军奖杯。

数以千计的人们在等待着我们，他们的幸福也是我们的幸福。安切洛蒂给球队留了一个便条："小伙子们，我们还要赢得意大利杯。两天后比赛。对了安德烈，你会加入我们吗？"

"教练，很遗憾，这次不能帮到你了。"我连30秒都撑不住，身体已经支离破碎。在曼彻斯特，我已经耗尽了一切。我们在圣西罗球场对阵罗马，进行了意大利杯决赛的第二回合，球场座无虚席，76000名观众想为欧洲冠军起立鼓掌。我们的对手并不认同这样的想法，特别是弗朗切斯科·托蒂——下半场两粒进球的制造者，为他的球队取得了两球领先。尽管我们在首回合以4比1获胜，但里瓦尔多和因扎吉的进球才让我们放下心来，最终比分定格在 2 比 2。皮波是在第 94 分钟完成进球的，他从首发一直踢到现在。我们又赢得了意大利杯冠军。

在米兰的斯福尔扎城堡，我们组织了一场盛大的庆典，但我不能停下来。对我来说，赛季还在继续，国家队的任务迫在眉睫。在启程前，我想和安切洛蒂谈谈，进行另一次坦诚而真诚的对话。

“我们在老特拉福德击败了尤文图斯，我知道你有多么在乎。我为你，为我们，当然也为我和我决定性的点球感到非常高兴。我要提醒你，在整个赛季里，当你把我留在场外时，我感到很难过……”

我提到了毛罗·塔索蒂的角色，他的副手，他和我刚认识就成了朋友。“毛罗对我来说非常重要。我们曾在训练结束后在技术层面一起工作了很长时间。在困难时期，他一直在我身旁，向我解释为什么从战术上讲，让我成为首发是不可能的。”

在继续国家队比赛前，我前往了加利亚尼的办公室，向他提出一个特别的请求。“加利亚尼先生，我可以把欧冠冠军奖杯带到乌克兰吗？”他眼前一亮。“来吧，来吧，舍瓦。跟我来，快点。”

他陪我径直从他的写字台走进了奖杯室，他几乎就要牵着我的手了。没有任何疑问，这是他最喜欢的路径。他指了指那个最漂亮的架子。

“选你最想要的吧。一共有 6 个……” 我用手指指了指最后一个，第 6 个，最新的，原版。我把它放在了私人飞机上，直飞基辅，我的家，一个亲密的跳板，是我在地球仪上准备迈出伟大梦想之前的确切起点。我把它放在了洛巴诺夫斯基雕像旁边，在迪纳摩体育场前面，承诺要履行。纪念碑坐落在板凳席中间，我把奖杯放在了旁边。他值得拥有，这是他的。从那一刻起，他面对拜仁慕尼黑半决赛失利后悲伤的表情也变得更加甜蜜了，那是属于 1999 年的回忆。他笑容更多了，我的笑容也多了。我身上一直有一部分是他的，就像“上校”刚刚荣获欧洲冠军一样。迪纳摩的表现总归是给他的国家带来了国际荣耀，赢得了两个优胜者杯和一个欧洲超级杯。基辅的俱乐部也有他们自己的奖杯室。

就在那几天，他们给我展示了一些体能测试的结果，这些结果可以追溯到我在青年队比赛时期。这些测试是洛巴诺夫斯基创建的一个系统的一部分，旨在让俱乐部始终拥有关于所有注册球员状况的最新数据库。从青训到一线队。因此，一旦受伤，就可以迅速制订个性化的康复计划，他看得很远。当2002年米兰实验室诞生时——这是由贝卢斯科尼和加利亚尼创办的位于米兰内洛的科学研究中心——我很高兴向负责人让－皮埃尔·米尔斯曼和项目领导达尼埃莱·托尼亚奇尼讲述了那段经历。在他们两个的控制室里，我进行了很多眼球训练：三种颜色出现在大屏幕上，我必须在最短的时间内触摸到他们口头指示的颜色。

"红色。"

"黄色。"

"绿色。"

"蓝色。"

"紫色。"

"橙色。"

"靛蓝色。"

我的目光在彩虹桥上滑动着。

还有一种移动的变体，不同色调的灯光在墙上闪烁，来测试反应时间和注意力。如果你有运动员完美的肌肉但大脑比运动系统迟缓，问题就会显现了。皮尔洛在这种测试中表现非常出色，这就是为什么人们说他脑袋里也长眼的原因。我一直信任米兰实验室，人们经常不明白，由于精英体育的水平非常高，如果你感觉不佳并且丢掉状态，场上的表现就会严重受到影响。就像在F1赛车中一样：如果一个轮胎没气了，你每个回合都会在赛道上留下百分之几秒的差距，加起来，在比赛结束时就会成为与第一名的巨大差距，一场惨败。同样的事情也会发生在足球运动员身上：他们必须得到持续的监控，保持良好状态，如果受伤最好是停下来。否则，恢复就是不可能的，因此也就不可能取得好的成绩。相反的情况下，我们只能满足现状，但这既不合我意，也不会让AC米兰感到欢喜。凭直觉，尤文图斯也不会满足于此。

接下来的2003/2004赛季，开始得像前一个赛季结束时一样——击败尤文图斯。从欧冠决赛直接转战到了8月3日举行的争夺意大利超级杯。比赛地点是新泽西州东拉瑟福德的巨人体育场。当时天气非常炎热，是个下午。看台上有达斯汀·霍夫曼和唐纳德·特朗普。

常规时间以0比0结束。

加时赛是1比1，皮尔洛在第107分钟打进一球，那是一记勺子点球，特雷泽盖在第108分钟扳平比分。在那届比赛中有所谓的“银球制”。如果两支球队中的一支能够在加时赛上半场结束时领先，那么他们将直接获胜，无须进行加时赛下半场。皮尔洛的进球发生在加时赛上半场补时的第2分钟，我们觉得胜利已经近在咫尺。然而，特雷泽盖把一切都重新拉回了讨论中，在几秒钟之间。

我们进入了点球大战。

巧合开始变得多起来，我想到了曼彻斯特。尾章发生了变化：他们表现得很完美，而我们的球员布罗基犯了错。一些尤文图斯球员在老特拉福德的失利后把这称之为复仇，我不同意，一场欧冠比赛比一场意大利超级杯更有价值，不能放在同一个水平线上，这种比较是站不住脚的。然而，输球就是输球，总是会令人心痛。在季前赛中，我们遭遇了许多场失败，其中一些仍是对尤文图斯的比赛，在安科纳的蒂姆杯和圣西罗的贝卢斯科尼杯上都输了。我们不会赢球了，一种轻微的不安情绪开始出现，特别是考虑到蒙特卡洛的路易二世球场，在那里的8月29日，我们为了角逐欧洲超级杯冠军将迎战联盟杯的获胜者——若泽·穆里尼奥的波尔图。情绪在一定程度上得到缓解和治愈，这是因为卡卡的到来，他在那个夏天正式签约AC米兰。

第一堂训练课开始，卡卡就让我们惊掉了下巴。一个才21岁的巴西小伙子，竟然能做到无懈可击。你看着他，简直不敢相信自己的眼睛。失误是从来没有过的，爆发力、球商、力量和视野。对于我的踢球风格来说，能够依靠如此特点的二前锋代表了一份难以置信的礼物。他在两条线之间接球，然后以惊人的速度将球带到禁区，停下来，观察我，对方的防守球员聚焦在他身上，到了这一时点他会把球传给我，于是我就一个人面对门将，一个相当容易的一对一。他对足球的理解力出类拔萃，把握比赛的节奏，将其转变为我们的优势。他来到米兰内洛时已经开始说意大利语了。他是个好孩子，非常虔诚，有文化。聪明而机智，来自良好的家庭。

对阵波尔图的比赛还轮不到他，但是重新轮到了我：我在10分钟后就进球了，比赛以1比0结束。尽管球队没有展现出最佳水平，但AC米兰回到了应有的样子，我重新开始进球。距离意甲联赛开赛只有三天，对所有人来说，这是信心的注入。在颁奖典礼结束后的那个晚上，我们和亲戚、朋友、嘉宾一起庆祝。我们的忠实球迷劳拉·保西尼演唱了歌曲，选自她庞大的畅销曲库，我们也加入其中。虽然音调不准，但我们依然很开心。从某种意义上说，我们又一次站在了欧洲之巅。我喜欢《孤独》这首歌，我了解歌词。

“马尔科已经离去，再也不会回来／七点半的火车上少了他的身影／那是一颗没有灵魂的金属之心／在城市灰暗的清晨寒冷中。”

安息吧，马尔科，我们有卡卡，他即将在一场正式比赛中担当首发。

第二十二章

求婚

安科纳，科内罗体育场。

2003年9月1日。

2003/2004赛季意甲的首场比赛。

卡卡的90分钟，AC米兰的90分钟。安科纳0比2不敌AC米兰，一支升班马球队对抗欧洲冠军，我打进了两球。而卡卡则一鸣惊人，因为他似乎没有感受到训练和正式比赛之间的差别：他总是以同样的方式踢球，高效而轻松。卡卡的到来源于莱昂纳多的敏锐直觉，多亏了他，十天前卡卡得以代表AC米兰在切塞纳进行的一场对阵布加勒斯特国民队的热身赛下半场登场。圣保罗方面给予了许可，尽管当时合同尚未正式签署。

对于卡卡来说，每一天的生活就是米兰内洛。他很快完美融入了一支在曼彻斯特之夜后越来越像铁板一块的球队，我们甚至在场外也有来往。而贝卢斯科尼则开始放话："安德烈，自从你来到这里，你还没有赢得过联赛冠军。"我随基辅迪纳摩夺得了五个乌克兰联赛冠军，但实际上，在意大利，从某种角度来看，零还是个圆满的数字。

夏天正接近尾声，气候宜人，米兰城美不胜收，一年四季都很雅致，我和克里斯汀时常在市中心散步。有时我们会在四季酒店的餐厅停下来吃点东西，那是我与 AC 米兰签署了第一份预合同的地方。有一天晚上，我们用完晚餐即将离开时，一个男人走了过来，操着一口俄语。

“晚上好，舍甫琴科。”

“晚上好。”

我完全不知道他是谁。

“我是一名足球经纪人，您知道切尔西吗？”

“当然知道。”

“那么请跟我来。有一个人很愿意和您聊几句。”

“但是他是谁？”

“来吧，舍甫琴科，请。”

在酒吧旁边，一个我以前从未见过的男人等着我。他的脸我并不完全陌生，也许在某张报纸或杂志上见过。他自我介绍道：

“很高兴认识您，我叫罗曼·阿布拉莫维奇。几周前，我成了切尔西的所有者。”

他看起来友好低调，是个“easy”的人，我想说他很简单直接。第一印象常常会持续一辈子，他没有炫耀自己是一个商业帝国的领导者，也没有摆出高高在上的姿态。我们谈论了一切，不仅仅是足球，他对我在欧冠联赛中的胜利表示了祝贺。

“谢谢您接受这个突发的邀请，安德烈。”

“谢谢您，罗曼。”

我们交换了电话号码后就告别了，我开始远距离关注他那家俱乐部的转会市场和球队战绩。我们偶尔会通电话，或者通过短信联系。与此同时，他也在关注 AC 米兰的进展，我们会远程展开讨论。

在日本横滨，我们在点球大战中输掉了洲际杯，对手是博卡青年。

在欧洲冠军联赛中，我们在小组赛H组中排名第一，击败了维戈塞尔塔、布鲁日和阿贾克斯。在淘汰赛的1/8决赛中，我们淘汰了布拉格斯巴达。在1/4决赛中，发生了令人难以置信的事情：在圣西罗对阵拉科鲁尼亚的首回合比赛中，我们以4比1获胜，但在西班牙的次回合比赛中，以0比4输掉了比赛。感觉有些蹊跷，我不知道发生了什么，他们跑起来非常生猛。

最好的消息来自联赛，我们与法比奥·卡佩罗的罗马队展开了激烈的争夺，我们两次击败了他们。在奥林匹克球场的客场比赛中我梅开二度，我们以2比1获胜（安东尼奥·卡萨诺为东道主攻入一球）。我认为那两粒进球中的第一粒是我职业生涯中最难的进球之一。当我直插禁区时西多夫找到了我，但我被齐沃紧紧盯防。于是，我用胸部停球，将球卸在地面上，旋即用左脚射门，尽管有防守球员贴身防守。他在滑行中试图阻止我，结果是一记完美的抛物线，打了门将佩利佐利一个措手不及。那是2004年1月6日。在下半程的次回合中，距离联赛结束还有三轮比赛，我们异地再战，那是另一场盛宴。

5月2日下午3点，圣西罗球场座无虚席，每层的席间都饱含情感。内心蕴含着一切，尤其是想要带回已经缺失了五年的胜利的渴望，心情迫切。结果我们只用了1分19秒，卡卡在右路接到卡福的传球，突然提速，甩开了利马和达科特。然后传中准确找到了处于禁区中央的我，一记头球攻门，球进了。

1比0的入球。

夺冠制胜球。

帮助AC米兰第17次获得意大利三色冠军盾的进球。

伴随着我永远不会忘记的一声巨响的进球。

这是我的第24粒进球，也让我第二次获得了意甲最佳射手，超过了帕尔马的阿尔贝托·吉拉迪诺，他的进球数停留在了23个。

这个进球是为了克里斯汀，也不仅仅是为了她。因为她怀孕了，妊娠四个月。这是一个期待已久的孩子，这次是三人一起庆祝。我紧紧地拥抱着她，紧紧地拥抱着他们。在一段时间之前，我已经向她求婚。

那是在家里。

一天早晨。

我单膝跪地。

刚刚醒来。

就向她递上了戒指。

然后我便前往了米兰内洛参加集训。先是愉快，也只有愉快。

在夺冠之后，她问："我们怎样准备婚礼？"

我需要放松，假期总是用来充电的，在一个充满工作和精神劳累的赛季结束后，我已经精疲力竭了。

"克里斯汀，我不想考虑客人和那些会占用时间、精力的事情，过去两年都很紧张。"

"我同意。"

我们前往了美国度假。我，她，和她已经开始显现的肚子。我们从洛杉矶驱车沿着西海岸向北行驶，在蒙特雷半岛停留了一周，我在海滨高尔夫球场打高尔夫球，这个球场曾多次举办过美国公开赛。然后我们继续前往旧金山，在那里参观了葡萄园和酿酒厂。最后，我们乘飞机飞往华盛顿，在途中停留在克里斯汀的家中。

"安德烈，我们这几天就在这结婚好吗？"

"好的，亲爱的。"

2004 年 7 月 14 日，我去了贝塞斯达的国会高尔夫俱乐部和她的父亲一起打高尔夫球。那是一个美好的日子，阳光明媚，天气炎热。前 13 个洞我们都在争夺中，我不喜欢失败，我的对手也是如此。我正处于事业的巅峰，而他仍然保持着在明尼苏达双城队时的强烈性格。两个运动员的对决，虽然运动项目不同，但有着相同的职业素养。我们相处得很好，但最后赢得比赛的人会比另一个稍微快乐一点。

在第14洞时，克里斯汀和她的母亲加入了我们。我们都停下来，就这样结婚了，在两分钟内。这是一位女士和穿一身白的我之间的庆祝，我打扮得像是个高尔夫球手，克里斯汀也穿着运动装，亲吻了一下就到此为止了：她的父亲现在成了我的岳父，我们还是继续把比赛打完了。换好衣服后，我们一起吃了午餐。我妻子的其他亲戚也加入了我们，从那时起我可以这样叫她了。我给基辅去了电话。

“爸爸，妈妈，克里斯汀答应了。”

这是一个独特的婚礼，有些人可能会觉得奇怪，但我们并没有感觉缺少了什么。我们幸福快乐，就像给孩子朗读的童话故事一样，但孩子长大了，童话故事却永恒不变，相同的时间和地点。我是在打高尔夫球的时候结婚的，而克里斯汀是在她喜欢的地方、她长大的地方结婚的。我们没有举办奢华的仪式，相反，我们利用这些日子来放松身心，交流思想。为未来做计划，组建我们的家庭。在一起的生活，爱是本质，不是表面功夫，它存在于心中。那是只有我们才能理解的一个眼色，一种超越来宾数量的默契关系。爱是水到渠成的状态，直到发生时又突然强烈，具体怎么做只是一个细节。

这是我们一起走过的道路，还有待走完的路。爱是我看着克里斯汀的时候。而克里斯汀抚摸着肚子，微笑着看着我，我们三个一起就是爱。

第二十三章

金球奖

罗曼·阿布拉莫维奇对我的结婚表示了祝贺。接着，他吐露了心声。

“安德烈，我想把你带到切尔西，我打算和 AC 米兰谈谈。我还聘请了若泽·穆里尼奥作为主教练，他刚刚率领波尔图赢得了欧冠冠军。你觉得怎么样？”

他的举动极其正当，因为他的脑海中正要组建一支强大的球队，尝试赢得欧洲冠军联赛。上个赛季，他们在半决赛中被摩纳哥淘汰了。

“感谢罗曼对我的赏识，但是应该由俱乐部来决定。如果俱乐部希望留住我，我会留下来的。我在这里很开心。如果他们接受了你的提议，我就会来伦敦。”

我留了下来。贝卢斯科尼拒绝了一份重要的报价，我和 AC 米兰签署了一份新合同，也是最后一份。我和阿布拉莫维奇继续保持联系，甚至在 2004 年 8 月 2 日在费城林肯体育场的友谊赛中对他的球队打进了一球，我们以 3 比 2 获胜，但他并没有生气。

结束了夏季准备后，等待2004/2005赛季的开始，在第三次尝试后，我成功地赢得了意大利超级杯。在之前几年输给过帕尔马和尤文图斯，8月21日我们在圣西罗击败了拉齐奥。比赛以3比0的比分结束，依靠我的帽子戏法，又一次增添到我记忆收藏中激动人心的经历。但与我两个月后将经历的那种感觉相比，这都不算什么。那将是彻底的，震撼的。颠覆性的正面情感，对于美好的绝对感知。

10月29日，我的儿子乔丹出生了。

我们本来要去热那亚，为了第二天对阵桑普多利亚的意甲比赛。在离开米兰内洛登上球队大巴之前，我给克里斯汀打了电话，我过去一直如此。

“你感觉怎么样？”

“我还好安德烈，刚从健身房回来。我的肚子只有轻微的疼痛，感觉有些小的宫缩，我想这可能是我做的练习引起的。”

“那你就好好休息吧，等我到了之后再联系。”

实际上，她在40分钟内就给我打了电话。

“安德烈，要来了。”

“什么？”

“羊水破了，我被送进医院了，医生已经接到了通知。”

我总是坐在车上的固定位置，大致在车身的中间。我站起身，走到了第一排的安切洛蒂跟前。

“卡尔洛，我们必须停下来。”

我们当时正在A7高速公路上，弯道和颠簸不断。在第一个停车区，司机靠边了。有两辆警车一直跟着护送我们，我下车跟其中一名警察交谈。

“你们能帮帮我吗？”

他们都很友好，一辆车跟着队伍继续前往利古里亚。另一辆车载了我一程，同时从米兰来会面的是唐纳托·阿尔巴内塞，我几乎不能用

“朋友”来定义他，因为他几乎是我的兄弟，是家人。我的儿子即将出生，实际上也是他的侄子。他在服务区找到了我，然后陪我一起去了医院，看望克里斯汀。

“唐纳托，加速。”

“安德烈，我已经各种超速了。”

我们还是及时抵达了。分娩过程相当漫长，我在房间里来回踱步，甚至还有点小跑。我似乎比克里斯汀更加焦躁不安，而她则以哲学的态度对待一切。乔丹在晚间出生，我见证了这一刻。当我第一次将他抱在怀里时，我回想起我在曼彻斯特想到的所有人，当时我正走向点球点，但这一次他们都露出了微笑。我的妻子变得越来越美丽，这是一种永远不会结束的魔力。她是一个母亲，带着她所有的优点和新的关怀。

我到家已是深夜，只睡了几个小时，早上米兰的司机就把我送到了热那亚，到了球队那里。我在酒店受到了队友们的欢迎，参加了技术会议，然后吃了午餐。午餐后我回到房间就睡着了，我没有听到闹钟响。我们的按摩师罗伯托·博埃尔奇想到了我，得把我从床上拽下来。于是他开始敲门，声音越来越大。

“安德烈，快开门，大家都在等着你上车。”

“等一下……”

我匆忙穿好衣服，把东西和衣服乱七八糟地塞进旅行箱里。事实上，其他人都在，就差我一个了。

“对不起，伙计们，不会再发生了。”

我们稍晚了几分钟才抵达马拉西球场，这都怪我。俱乐部没有对我罚款，我知道我不会首发出场，过去几个小时都沉浸在激动和快乐中。在锋线上，与托马森一起搭档的是克雷斯波，他是夏季签约引援之一。他来自切尔西，阿布拉莫维奇没有买到我，而是把他留给了我们，以租借的方式。在第66分钟，比分还是0比0，卡尔洛派我和塞尔吉尼奥一起出场。

“安德烈，你准备好了吗？”

“准备好了。”

十分钟之后，在塞尔吉尼奥的射门被门将安东尼奥利挡出后，我打进了制胜球，最终以1比0获胜。这是我第一个献给乔丹的进球，我正在经历一个非凡美好的时期。一种新节奏打乱了以往的日常，伴随而来的是新的责任。成为父母的美好之处在于，我们必须根据新生儿的需要来安排生活，而不再是自己的需要。我们重新开始生活，从一个不同的角度开始，以更高的前提出发。我喜欢这一切，克里斯汀和我梦想着一个大家庭，但作为儿子，我开始感到担忧。在乌克兰，爸爸和妈妈所在的地方，传来了奇怪的响声。有些东西在破裂，政客们在争吵，但这已经不再是正常的争吵了。危险的风正在刮起。我亲爱的家人们，在电话里从基辅传来信息，试图淡化这一切。

“别担心，安德烈，平静享受小生命带来的喜悦吧。”

我，一个有孩子需要照料的孩子，一个有父母需要去保护的父亲。他们，是祖父母和父母。各自的家庭保护着自己的家人，我们相互支持。我希望一切都会顺利，希望很快就会过去，希望这只是一场没有地震的震动。维克托·亚努科维奇即将赢得国家领导人的选举，挑战者维克托·尤申科让选举无效，然后成了乌克兰总统。新的选举定于2004年12月26日举行，他于2005年1月上任。

与此同时，我赢得了另一场选举——《法国足球》授予了我金球奖。正式颁奖典礼定于12月13日在巴黎举行，但我提前得知了这一消息，该奖项主办方的一名记者首先通过电话联系了我。

“安德烈，我要通知你，你是三名最终入围者之一，另外两位是德科和罗纳尔迪尼奥。”

接着是第二通电话，我已经将他的电话号码存入手机。那天晚上，我在沙发上打盹。我接了电话，甚至没有时间说“喂”。

“祝贺你，你赢了。”

我打电话给我的妻子。“克里斯汀……克里斯汀……”

然而，电话那头的声音继续说着一些事情，尤其是其中一件事。

“你还不能告诉任何人，记住。我会来采访你，我们需要为《法国足球》制作一篇报道，并拍摄一些照片。然后，你将在巴黎领取奖项。”

他刚挂断电话，我又给我妻子打去电话。

“克里斯汀，我赢得了金球奖！”

我还告诉了乔丹，他还不到两个月，所以肯定会保守秘密。我告诉了爸爸妈妈和妹妹，以及朋友，无论是在米兰还是在基辅。给加利亚尼打了电话，给布拉伊达打了电话，给贝卢斯科尼打了电话，给安切洛蒂打了电话，给雷佐打了电话，给一些队友打了电话。我悄悄告诉了洛巴诺夫斯基，我知道他会听到的。

“但你们可不要传出去。”

因为我与乔治·阿玛尼签有合约，我通知了莱奥·德洛尔科，要求一套漂亮的礼服参加典礼。

我望着窗外，内心感到平和，无论是于我自己还是整个世界。自从家庭更加壮大以来，我们搬到了卡德马托里别墅，位于科莫湖的布莱维奥。与切尔诺比奥隔岸相望，面对着埃斯特别墅，在那条被描绘成黄金般珍贵、寂静的支流上。

贝卢斯科尼提供了一架他的私人飞机，那是一架达索猎鹰，飞往巴黎。在归途中，加利亚尼兴奋异常，他们还为我们拍了张照片，一张让我们都放在心上的相片。一行人中还有雷佐、莱昂纳多、AC米兰的组织部门主管翁贝托·甘迪尼、通信部门主管维托里奥·门塔纳和布拉伊达。后者一直盯着我看，他微笑着以示赞许，好像在回想一些美好的东西，从记忆中剪裁出属于我们的片段。

我突然明白了一切。

那次在基辅，他曾经预言过。

“安德烈，穿着这件球衣，你会赢得金球奖的。”

第二十四章

颧骨

于我之前，只有 1975 年的奥列格 · 布洛欣和 1986 年的伊戈尔 · 别拉诺夫两个乌克兰球员赢得过金球奖，能够与他们比肩代表了荣耀和功绩。

一种集体性的拥抱给到他们，给到历史和我的国家。

巴黎过后的 18 天，也就是 2004 年 12 月 31 日，我的出身回馈给我一个亲切而温暖的举动，列昂尼德 · 库奇马，即将离任的总统，在基辅授予我“乌克兰英雄”称号。

这是政府授予公民的最高荣誉。在仪式上，他说我们国家在世界上的声望取决于像我这样的人。维克托 · 尤申科，他的继任者，曾经为我获得金球奖送来电话祝贺。我将奖杯带到了洛巴诺夫斯基的雕像旁，就像我曾经带着欧洲冠军联赛奖杯一样。

岔开个题外话。

我认识库奇马，他是基辅迪纳摩和国家队的铁杆球迷，他从不会错过这两支球队的比赛。我们曾在罗马相遇，那是 2002 年 11 月 27 日，也就是我面对皇家马德里取得进球的第二天，当时我在米兰苦苦挣扎后重回首发，在这之前我曾收到乌克兰驻意大利大使的电话通知。

“乌克兰总统已经安排了与意大利总理贝卢斯科尼的国事访问，他将会有几位部长陪同，我们希望您也能出席。”

贝卢斯科尼的秘书也给我打过电话，附上了一份复印件通知。

“总理将会会见乌克兰总统库奇马，将会有几位部长陪同，我们也希望您能出席。”

被两位领导人召见，我当然不能拒绝，也不能让他们失望。收到邀请实在是一件幸事。清晨，我和雷佐登上了一架从米兰飞往罗马的飞机，一抵达罗马，大使就来接我们了，带我们去了基吉宫——首相的官邸。我和库奇马以及他的政府成员打了招呼。贝卢斯科尼还没来，一切都在非常正式严肃的氛围中进行，就像严格的礼仪规定所要求的那样。几分钟后，意大利代表团也到了，主人立刻朝我走来，还没和乌克兰总统打招呼，他就拥抱了我。

“舍瓦，把你的脚放在我腿上。”与此同时，他把腿弯了下来，几乎跪在了地上。

这个突然的举动让我很惊讶。我听话地照做了，幸运的是我出发前已经擦亮了鞋子。他用一种虚拟的抹布擦拭了我刚刚放在他大腿上的右脚鞋面。就像弗朗西斯科·莫里耶罗和罗纳尔多在国际米兰比赛中发生的情景一样。用他自己的方式，在告诉我，他欣赏昨晚AC米兰和皇家马德里之间的比赛。我用余光看了看乌克兰部长们，他们似乎很震惊。库奇马露出了笑容，他正在享受这一刻。然后他们握了握手，气氛缓和了下来。外交危机被化解了，他们都喜欢我。

题外话结束。

作为“乌克兰英雄”，我全身心投入了2005年的比赛，因为那里有要追求的目标和要去达成的成就。在联赛中，我们与尤文图斯争夺冠军，他们的教练是卡佩罗，他接替了里皮。2月19日，我们在圣西罗球场对阵卡利亚里，那是一个晚场比赛，对手的队长是吉安弗兰科·佐拉。我的表演只持续了9分钟，就在我触球的时候，我的左侧颧骨刚好被后卫西蒙尼·洛里亚用头部撞到。之前我的鼻子已经断过两次，我也经历过各种受伤和手术，但我从未经历过这种痛苦。疼痛感扩散开来，就像被血液传播一样，我感觉到它无处不在。我跌倒了，爬起来，稍微有点晕眩，我无法准确理解发生了什么。我离开了球场，由医生马西米利亚诺·萨拉陪同。当他看到我时，他的脸变得苍白，几乎是瞬间变白的。

“你感觉怎么样，安德烈？”

“我被撞了吗？是谁撞到我的？”

“是有一次冲撞……”

“告诉我是谁，马克斯。告诉我球员的号码，我现在就去找他。”

我生气了。

“安德烈，你确定吗？”

“确定。”

“安德烈……”

我朝着边线走了几步，抬头看着球场的反光灯。我左眼什么也看不到了，我用那只好眼再次看向萨拉。

“告诉我实情，情况严重吗？”

“是的。”

安切洛蒂换下了我，让克雷斯波登场。

我回到更衣室，紧挨着教练办公室后面有一面大镜子，在那里我停了下来。我算明白了，我已经认不出自己了。我的脸左半边凹陷了下去，眼睛看起来都歪了。在圣西罗球场，比赛时总有一辆救护车处理紧急情况，他们把我送到了尼瓜尔达医院的急诊室。我排队等候着，很多人排在我前面，但等待了更长时间。

“医生，给我来点什么吧，我疼得要命。”

“最好不要，等你做完必要的检查。”

“我受不了了。”我可是一个能忍受疼痛的人啊，以至于总是不知不觉地受伤。

等待了两个小时后，我终于做了一个 CT。我在医院住了一晚，处于观察中。萨拉从未让我独自一人，他担心我的情况会突然恶化。包含诊断的报告似乎没有尽头，看起来像一张旧时卷纸。

“左侧颧弓多处骨折，左侧上颌窦骨折导致鼻窦出血，左眼眶侧壁骨折，鼻骨微骨折。”

简而言之，洛里亚把我整个颧骨都打碎了。虽然他不是故意的，从电视画面上看得很清楚，后来我也看到了。第二天我出院了，并转移到了一家私立诊所，在那里接受了手术。佐拉也打来了电话。

“这是一次比赛中的意外。作为卡利亚里队长，我只想告诉你，我们对发生的事情感到非常抱歉。”

手术持续了几个小时，也植入了几块金属板。我对麻醉药反应不佳，醒来后开始发抖，感觉并不舒服，他们给我弄了点镇静剂，我试着睡去。我感到呼吸困难，打开了房间的窗户，克里斯汀在我身边。我听到车辆经过的声音，让我感到很烦躁。诊所位于米兰市中心，晚上 11 点，我突然从床上坐了起来，拉着克里斯汀的手。

“我们回家吧。”

“你在说什么？你疯了吗？”

“我不想在这里待着。”

“安德烈，算了吧。”

“克里斯汀，我需要回家，我想看看乔丹。”

她并不同意，但还是顺从了，她也无法阻止我。晚间探视结束后，只剩下一名值班医生。我对他说了同样的话。

“我要离开这里。”

“绝对不行，舍甫琴科先生。”

“您不能阻止我，告诉我在哪里签字，我愿意承担全部责任。”

他给做手术的外科医生打了电话，后者已经回家了。没办法，我坚持不懈。我驾驶汽车一直开到了布莱维奥。克里斯汀越来越担心，我的视力还是模糊的。我明白我错了，但逃避的冲动超过了其他选择，即使那些选择更明智、更理智、更合乎逻辑。刚到家我就直接瘫倒在床上。我的床，和我的妻子和儿子一起，周围只有寂静。第二天早上当我醒来时，克里斯汀有一个问题要问。

“安德烈，你觉得你在昨晚的状态下开车是对的吗？”

“我开车了吗？”

我什么都不记得了，在家休息的这段时间对我很有帮助。后来，有人告诉我，我几乎失去了视力。

意甲冠军被尤文图斯赢得，但后来由于所谓的“电话门丑闻”而被取消，AC 米兰排名第二。我从 2 月 19 日开始远离比赛，直到 4 月 6 日，我才重新回到了球场，参加了欧冠 1/4 决赛的首回合。对阵国际米兰，又一场米兰德比，又是他们。

米兰城的锦标赛。

胜者拥有米兰城。

当然，我已经重新开始与球队一起训练了两个周。AC 米兰的心理医生布鲁诺·德米凯利斯也找过我。

他想确保我在精神上已经康复了。在队内比赛中，队友们小心翼翼地避免碰到我的脸，不过医生还是想尽办法让我放心。

“你不用担心任何事情，你带着五块金属板踢球，是专门为了保护你而安装的。”

最后一个问题留给了安切洛蒂。同样，最后一个答案也是他的。

“安德烈，你感觉怎么样？”

“我准备好比赛了，然后由你决定。”

他相信了我，我听从了我的感觉，而卡尔洛听从了我。

进场之前，在圣西罗球场的通道内，马尔科·马特拉齐试图挑衅和恐吓我，说了一些关于我的颧骨不好听的话。我认识他，在场外，他是一个完全不同的人。在球场里，他被描绘成如此，我不想妄加评论。但他不知道我在乌克兰青少年时期就遇到过和应对过很多像他这样的人，相比之下，他简直就是小天使。我看着他笑了，但并不是取笑他。而是因为我想到了我小时候，少年时代经历的一切。我并不害怕，一些事情也同样发生在游戏场里。

比赛很艰难，在上半场的最后一秒钟，凭借斯塔姆的头球我们取得了领先。离结束还有一刻钟，我们再次得分，最终以2比0取胜。在我们获得角球的时候，国际米兰采用了区域防守，我们进行过很多训练，试图利用这种情况。事实上，我们也是依靠来自角旗区的任意球得分。

我取得了进球。

用头打进的。

差不多是用的颧骨。

那块颧骨。

每场比赛都是一个新的开始。我对国际米兰的比赛格外重视。我总是以最大的努力去面对"蓝黑军团"：经常取得进球，始终将他们视为对手而尊重他们，这是一种极大的尊重。我永远不会对他们表现出傲慢或自大的态度，因为他们不应该被这样对待。从第一天到最后一天，我都把国际米兰视为一支出色的球队。这是一个显赫的对手，与他们对战从未轻松过。

4月12日进行了次回合的对决。或者说，是未完成的对决。第74分钟比赛中断，一枚烟幕弹从球迷看台击中了迪达。我们当时以1比0领先，是我进的球。我们被判以3比0的比分胜出，我很高兴我的进球至少在统计中仍然有效。

半决赛中，我们遇到了埃因霍温。在圣西罗球场，我们2比0取胜，我和托马森进球。在荷兰，情况稍微复杂了一点，这在比分牌上有所体现。

第 9 分钟，1 比 0，朴智星。

第 65 分钟，2 比 0，科库。总比分完全打成了平局，如果将这个部分结果加到第一回合的赛果中。

第 91 分钟，2 比 1，安布罗西尼的头球。

第 92 分钟，3 比 1，科库。

决赛是属于我们的，我们将与利物浦相遇。

总听人谈起过伊斯坦布尔吧？

第二十五章

伊斯坦布尔

奇怪的事情发生在米兰内洛训练场上。如果从未来回望，那是一个预兆信号，我们本应该领悟的，但当时却没人注意到。

在出发去伊斯坦布尔的前几天，我接到了塞尔吉尼奥从左翼送来的传中球，在小禁区边缘头球攻门。阿比亚蒂挡出了球，我再次射门，确信这次能进，但他从距离几厘米外再次扑到了球。我立刻想到："下次我得发力更猛些，这样球就进了。"

要说那次训练赛和过去数百次也没什么两样，已经过去，被抛在脑后。如果单独拿出来看，都是些微不足道的瞬间。

那时，我们是一支无比强大的球队，已经准备好在阿塔图尔克体育场迎战利物浦了。我们非常平静地准备那场决赛，了解了自身的可能性，我们没有遮遮掩掩的，邀请了亲朋好友来到土耳其。对我来说尤其如此，乌克兰近在咫尺，一切无恙。

临赛：平和。

酒店：漂亮，虽然离球场不是特别近，但在伊斯坦布尔这样的大都市，一切离一切都很远，就像每个梦想之间的距离。

我们队友间的气氛：理想。

早上的最后一练：完美，符合欧洲冠军的标准。

紧张感：恰到好处，免得到时候措手不及。

这座城市，承载着我深切的个人记忆。在2006年世界杯预选赛中，2004年11月17日，土耳其0比3乌克兰的比赛中，我打进了两球，整个费内巴切的球场都为我起立鼓掌。

然而，2005年5月25日对米兰球迷来说，最终成为一个世界疯狂的日子而被载入史册。从旋转木马上被猛然推下，我们每个人都很受伤。尽管开局一如预期，只有我们状态在线，卡卡依然飞翔。仅仅过了1分钟，我们就以1比0领先，进球者是马尔蒂尼。风顺着我们吹，我们的旗帜随风飘扬。“旗帜”身披3号球衣，这是属于我们的完美时刻。我打进了2比0的进球，但边裁错误地判了越位，其实这粒进球是有效的。这是一个重大过错，令人眩晕的失误，但我们设法跨过去了，向前看。我为克雷斯波送上了助攻，真正的2比0。然后又是克雷斯波的进球，一记吊射。上半场结束时我们以3比0领先。我们的球迷在高歌，英国球迷也在唱“你永远不会独行”。

中场休息是愉快的，但并非像某些人后来影射的开派对，满是恶意和谎言。我们不断提醒自己不能放松，我们是职业典范组成的球队。

到了下半场，利物浦点燃了热情。在6分钟内，月亮消失了，一个黑暗的夜晚，没有灯光，我们被打得跌跌撞撞。

53分24秒，精准计时器上的数字。杰拉德头球破门：3比1。

55分23秒。斯米切尔远射得分：3比2，边裁挥动了旗子，但裁判没看到。这是一个明显的不公正，一个幻影般的越位。裁判三人组，在伤口上疯狂撒盐。那种恐惧开始敲门（在此之前只是想象中的，并已消除），怀疑逐渐生根。

60分11秒。哈维·阿隆索的3比3，先是被迪达扑出了点球，然后在补射中得分。

我们努力过，我们尝试了，但没有作用。

90 分钟结束时比分 3 比 3，进入加时赛。又是半小时的努力，追寻幸运的 30 分钟。

在最后 3 分钟，我看到一脚来自左翼塞尔吉尼奥的传中，于是我在小禁区边缘头球攻门，被杜德克拒之门外。我内心有一个声音在喊，我的声音。

“下次我会发力更猛些。”

这是从米兰内洛突然飞来的记忆。近在眼前，清晰无比。

只需一瞬间就能记住宝藏地图。我再次观察了利物浦的门将，想象他和阿比亚蒂类似。不到一米距离射门，确信这次能进，但再次被他拒绝。球插上翅膀飞了起来，太疯狂了，比赛进入了点球大战。

杜德克在球门线上移动，从右向左，从左至右。他在神经元上跳跃、舞蹈。

塞尔吉尼奥：高出横梁。

3 比 3。

哈曼：进球。

利物浦 4 比 3。

皮尔洛：被扑出。

还是利物浦 4 比 3。

西塞：进球。

他们 5 比 3 领先。

托马森：进球。

5 比 4。

里瑟：被迪达扑出。

仍然是 5 比 4。

卡卡：进球。

5 比 5。

斯米切尔：进球。

6 比 5，他们领先。

轮到我了，我不能失误。要么平局，要么结束，结束意味着一无所有，不管怎样都是一条上坡路，危险的坡度。把球向上踢时，风险是不言自明的：球可能会回落，以更快的速度压垮你。就像下山的雪，一场理论上的雪崩。

从中场到禁区，熟悉路径中一次漫长的踱步。梦境中的干扰，一个人独自行走，生命在流逝。半个体育场在呐喊，其他人屏住呼吸，在这些人中也包括你自己。球握在双手间，第二个金球奖的轮廓逐渐显现，也许只是幻觉。脊背弯向那个小小的点球点，看似微不足道，却足以容纳无数的言语。那些即将被书写、被传承、呐喊中的言语。

杜德克在跳跃，挥舞双臂。他仍在舞动，但不像之前那么粗鲁。我本能地用手掠过头发，抚摸着最后的想法。我看了看裁判，就像在曼彻斯特那次一样。助跑开始较快，随后减慢。点球踢向球门中央，门将扑向他的右边，但左手仍然悬在空中，球正好打在那里，介于利物浦赢得一切和米兰一无所有之间。在极限边缘，在那个奇怪的地方，一厘米改变了最终的命运。

故事的结局。

决赛的故事。

点球被扑出。

结束了。

一切都难以置信。但出于理智和诚实，得承认利物浦是应得的。他们的球迷，就像我们的球迷一样，从未放弃球队，即使一秒钟也没有。落后三球，他们甚至唱得更加响亮，引吭高歌，一次又一次地给球队鼓劲，他们从泥潭中拉出了一台即将停止的机器。

只是即将停止。没人想过或许引擎已经完全报废，无论是在看台上还是在场上。我们的对手遭受了痛苦，但依然坚守，从未放弃希望。在遭受三次技术性击倒后，他们重新站了起来。更舒适的做法是躺平，闭上那双因打击和疲劳而变得肿胀、疼痛的眼睛，但他们没有。他们有百分之一、千分之一、甚至万分之一的胜利机会，但他们紧紧抓住并利用了这个机会。

只有伟大的球员才能用这种方式展现本事，我记得杰米·卡拉格，除了英格兰队，他一生只穿过利物浦的球衣。那是他们的保罗·马尔蒂尼。他一度感到疲惫，陷入困境，但奇迹般地站着。在最后时刻的一次动作中，我超过了他，他倒在了地上，但依然将球破坏掉，以极限的方式，这是意志的力量，他毫不放弃。

我们输了，是事实。但他们赢了，这同样是事实。

不过，点球大战中的失误则完全是我的问题，而非杜德克的神勇表现。我没有足够打开弓部，因此没有像我希望的那样进入小角度轨道。相反，这个门将在加时赛中表现出色。我重复看了一千遍他对我的那次连续扑救，至少看了一百遍那场比赛。其他队友把那场恐怖电影的录像丢弃了，但我没有。我试图深入研究它，但越看我越不理解，我越尝试解释，发生的事情就越折磨我的内心，一种几乎要腐蚀我的强酸。我会在深夜醒来，全身是汗。有时我会大喊，会吓到克里斯汀。

三个月来，我一直是伊斯坦布尔的俘虏。在那个露天的监狱，看守们身穿红色制服，手里拿着奖杯。擦肩而过的疯人院。要么停止折磨自己，要么需要一些专家来帮我走出来。我强迫自己不再想它。“安德烈，放弃这件事吧。”这很难，但我走出来了，我做到了。

睡眠慢慢恢复正常。

再见了，沉重的包袱。

我停止了喊叫。

利物浦倾尽所有，用心守护。

简单来说，我们不可能赢得那场比赛。

第二十六章

误会

2005 年 5 月 25 日，AC 米兰对阵利物浦的比赛在阿塔图尔克体育场举行，那场“被诅咒的决赛”。

2005 年 5 月 29 日，乌迪内斯对阵 AC 米兰，在弗留利球场进行，那是联赛最后一轮的比赛，尽管排名早已确定，尤文图斯第一，我们第二。

2005 年 5 月 31 日，由国家歌手队对阵黄金明星队的儿童慈善赛在圣西罗球场进行，被称为“爱心赛”。在伊斯坦布尔我上了，对阵乌迪内斯则没有上场，因为小腿的问题。尽管还感觉到疼痛，但我还是参加了在圣西罗的比赛，我没法错过，这场活动的目的是为慈善筹款：帮助乌克兰的孤儿，预防未成年被遗弃现象。

安切洛蒂对我有些不满，倒不是因为我参加了米兰的活动，而是因为我缺席了对阵乌迪内斯的比赛。“安德烈，解释一下，如果你能在面对歌手的比赛中保持站立，为什么对乌迪内斯就不行呢？”事实上，参加“爱心赛”只需要以舒缓的节奏跑动，以缓慢的速度移动，并不会加剧伤势，只是一次显示存在的快速漫步。然而安切洛蒂有不同的看法。

“我认为你应该参加在圣西罗的比赛，这很高尚，能带给你荣耀。但我同样认为你有责任和我们一起在意甲比赛中出场。因此，我不赞同你的行为，你应该知道我很失望。”

没有不尊重的意思，但面对克罗尔德鲁普、费利佩和贝尔托托是一回事，面对埃罗斯·拉马佐蒂、桑德罗·贾科贝和贾尼·莫兰迪则是另一回事。前者你需要为了胜利而战，所以你会拼得很凶，是有很高的受伤风险的；而后者是为了娱乐和慈善，因此不需要对我的身体状况要求太高。小腿的问题是真实的。迭戈·阿曼多·马拉多纳也来到了圣西罗，尽管以便装出席，但仍贡献了激情。这是我第一次与我的偶像之一面对面交谈，他用简单真诚的方式安慰我。

“安德烈，让伊斯坦布尔过去吧。虽然只过了一周，但尽可能快地摆脱这种痛苦吧，尽管这需要时间。足球就是这样，你无能为力。”

当我去度假时，我和教练之间还有未解决的误会，悬而未决的疑云，给本就低落的心情蒙上了一层悲伤的面纱。在可能的情况下，我尝试多休息，但这比预期的要复杂得多，那是一个因为对利物浦所发生的事情仍然睡眠不足且质量糟糕的时期。

在 2005/2006 赛季开始前的一周，那位在二月份为我手术的外科医生给我打了电话，就是我在米兰对卡利亚里的比赛中与洛里亚发生碰撞的那次。

“需要移除那些钢板。此外，牙医还要给你做一个小的骨骼移植。”

“好的，教授，之前没人告诉我。什么时候做？”

“立即。”

“等我回去我们就做。”

“准备好，安德烈，这会很痛。然后你四五天都不能训练。”

球队在米兰内洛集训，我接受了局部麻醉下的手术。早上我进了手术室，下午俱乐部的司机把我带到了我们的体育中心，在那里我的队友们已经开始训练了。训练计划是在那里进行简短的准备，然后前往美国进行巡回赛。

我遇到了安切洛蒂，我们打了招呼，他问了我一个问题。

“安德烈，为什么你不在假期前做手术？”

“卡尔洛，我是在假期快结束时才知道的。”

“在医院里怎么样？”

“还好，谢谢你的询问，尽管仍痛得厉害。我现在可以回家了吗？”

“不，你得留在这里参加集训。”

“这是什么意思？”

“意味着你需要和我们一起待在这里。”

我回到我的房间，睡了两个小时，然后再次找到教练。

“卡尔洛，医生告诉我，接下来四五天我不能训练。我在这里做什么？我最好回家好好休息。”

结果他生气了。

“安德烈，我跟你说了你必须留下，话题结束。”

原来另一位医生莫名其妙地告诉他，实际上我可以训练，这显然是一次沟通错误。

于是我打电话给加利亚尼。

“加利亚尼先生，我真的不明白。我确实很难受，痛到发狂，他们给我一些药物试图缓解这种痛苦。我想回家，请您允许。”

“好的，安德烈，回到布莱维奥，按照为你做手术的教授的建议做。”

“谢谢加利亚尼先生，我一旦好转就会重新开始训练，您是了解我的。”

我就这样做了。我本应该休息四五天。但两天后，我决定回到米兰内洛并尝试下场。我并不能很好地进行训练，但我尽力了。我感觉到了紧张气氛。马尔蒂尼对我态度冷淡，安切洛蒂也是。

他们都去了美国，我留在意大利以便更好地恢复。当我的队友们返回时，我已经准备好了。我已经恢复了状态，痛苦几乎消失了。但是，更衣室内的关系还没有完全恢复。在一次训练结束后，我叫住了马尔蒂尼。

“保罗，我们可以谈谈吗？”

“我们确实该谈一谈，安德烈。”

我们澄清了误会，同样的错误信息也传达给了球队，就像传给安切洛蒂的那样。

他们以为我在耍滑头。

“保罗，你现在明白实情了吗？”

“安德烈，你现在马上去找卡尔洛，他非常介意这事。”

于是我这样做了，在午餐结束时。

“卡尔洛，你有时间吗？”

“有。”

我们走到了厨房附近，我向他解释了一切。

在解释的时候，我挥动着手臂，看起来可能有些激动。

“安德烈，我们的一位医生说你本来可以训练，你知道这件事吗？”

“卡尔洛，我怎么可能做到呢？带着那种难以忍受的疼痛吗？我到处都是口子，嘴巴缝针了，吃东西都困难。”

我们拥抱和解了，继续关心彼此。但我们不知道，远处的记者们正在观察我们，一些摄像机也在拍摄我们。他们开始撰写报道，说在谈话中我向安切洛蒂表达了离开米兰的意愿。这不是真的。那一刻，我只想到一件事：留在原地，尝试再次赢得欧冠。

贝卢斯科尼邀请我去阿尔科雷：“我想成为乔丹的教父。”

我感到很高兴。9月3日，我在第比利斯对阵格鲁吉亚的世界杯预选赛中出战，9月5日，我的儿子进行了洗礼。对于餐会的地点，我和克里斯汀选择了埃斯特别墅。由于贝卢斯科尼当时是总理，为了确保他的安全，科莫湖中有潜水员游动，屋顶上部署了狙击手。

在邀请的客人中，有整个球队和管理层，当然还有我们的亲属。

在某个时刻，加利亚尼把我拉到一边："马尔蒂尼开始出现一些身体问题，科斯塔库塔不会总是首发。安德烈，准备好成为AC米兰队长吧。我和卡尔洛谈妥了，当保罗和比利不在时，队长袖标将属于你。"

我非常高兴，甚至来了唱歌的兴致。

贝卢斯科尼比我先一步，抓起麦克风唱起了几段歌曲。

安切洛蒂也唱了，安切洛蒂只要有机会总会唱几句。

然后是加利亚尼，他选择了他的必唱曲目之一，安东内洛·文迪蒂的《朋友未满》。

"有些爱情没有终点／它们经历无限曲折然后重归于好。"

我身披AC米兰球衣的最后一个赛季刚刚开始，但当时还没有人事先知晓这件事，连我自己也不知道。

第二十七章

离开

在洗礼仪式上，包括著名魔术师埃迪在内的几位表演者进行了表演：他能够通过思想来控制手表的指针前进和后退。贝卢斯科尼对此印象深刻。他说："请允许我这么做，鉴于您比我用得更好，我把我戴的这只送给您。"他从手腕上褪下表来，递给了他。

我的时间也在飞速流逝。与罗曼·阿布拉莫维奇的联系从未中断，我们不仅仅谈论足球。我知道，如果我表达了想去切尔西的愿望，他会帮助我实现。但在那一刻，这样的事还没有发生。

在AC米兰我们感觉自己很强大，无论是在意大利还是在欧洲都很有竞争力。尽管身上还带有伊斯坦布尔的痕迹，但我们知道，每一次成功都会洗掉其中的一部分，直到彻底清除。球队从帕尔马购买了阿尔贝托·吉拉迪诺。然而，在联赛半程结束时，我们的表现并不是很好，正如积分榜所显示的。

尤文图斯：52分。

国际米兰：42分。

AC 米兰：40 分。

佛罗伦萨：40 分。

利沃诺（令人惊讶的利沃诺）：35 分。

我开始查看我的身份证，上面写着我将在 9 月 29 日（和贝卢斯科尼同一天生日）年满 30 岁。“安德烈，如果你想尝试一种新的职业体验，这是合适的年龄。”一个微弱的声音在我心中响起。我感到很矛盾，这不是内心的煎熬，也不是一个已经做出的决定，更多的只是一种简单想法，尤其是在刚开始时的时候。

到了联赛下半程，我们设法换挡提速，将最终排名转变为更加可接受的范围。几乎是胜利的冲刺，直到终点。

尤文图斯：91 分。

AC 米兰：88 分。

国际米兰：76 分。

佛罗伦萨：74 分。

之后的“电话门”丑闻重写了那个赛季的历史，冠军最终被授予国际米兰。那是一个非常奇怪的赛季，有些比赛中，每当我向对方球门冲刺时，我就被判越位，而这些越位判罚如果回放检查，经常被证明是不存在的：那是电视转播的重放，因为当时还没有视频助理裁判（VAR）。因此，场上的错误就这样保留了下来，规则中没有预见到在显示器前更正这些错误的可能。

如果当时有 VAR，也许在 2006 年 5 月 17 日和阿森纳踢欧冠决赛会是我们，而不是巴塞罗那——我们在半决赛中的对手。在圣西罗，我们以 0 比 1 输给了他们，久利的进球。在诺坎普球场的比赛以 0 比 0 结束，但我的一个有效进球被取消了。裁判默克，就是那个在曼彻斯特决定性点球前我不停注视的人，判我对普约尔犯规，而实际上我根本没有犯规。他没能处在正确的位置来评估这个动作，边裁也没有给予帮助，普约尔在试图阻止我时滑倒了。

那是2006年4月26日。

我本想陪伴AC米兰直到决战，但我没能做到。这本该是一种很好的告别方式，因为在我内心，决定已经渐渐成熟：我将在赛季结束时离开球队，前往切尔西。随着时间的推移，尤其是在最后几天，这个轻微的想法已经变得更加具体，成了一个决定。我对于挑战一个不同的联赛感到好奇和渴望，我将以欧洲冠军联赛的最佳射手的身份亮相，那个赛季我打进了9球，领先于罗纳尔迪尼奥（7球）、萨穆埃尔·埃托奥（6球）和大卫·特雷泽盖（6球）。其中4球是我在同一场比赛中打进的，那场比赛是欧冠小组赛阶段客场对阵费内巴切，那时我已经代表国家队在那个球场打进两球，我甚至本可以打进更多进球。在比赛结束后，我再次得到全场起立鼓掌的待遇，我保留了那场比赛的球，这是我极少数没有送给我父母的纪念品之一。我把它带回了我在基辅的家并一直留在了那里。

费内巴切是一支伊斯坦布尔的球队，那个伊斯坦布尔。

从那场未能参加的决赛中，我获得了情感上的动力，最终决定改变。我还和阿布拉莫维奇讨论过。

“罗曼，我在考虑加入切尔西，你们还感兴趣吗？”

他让我与他们的首席执行官彼得·凯尼恩取得了联系。他有一个很大的疑问，实际上，是一个很大的确信。

“安德烈，我们知道AC米兰不想卖掉你。如果他们让你离开，我们就会接手。”

“那教练怎么看？”

“我们已经与若泽·穆里尼奥谈过了，他热切期待你的加入。”

我打电话给贝卢斯科尼，这位曾经救过我父亲的人，也是我儿子的教父。

“我想去英格兰。”

“安德烈，好好想想。我们尽快再交流，对帕尔马赛后再来找我。”

大约在同一时间，安切洛蒂邀请了整支球队参加晚餐活动。

“伙计们，因为我的家在费莱加拉，离塔尔迪尼球场不远，所以在对帕尔马的比赛之后，你们都将是我的客人。”

也就是 2006 年 5 月 7 日，在联赛倒数第二轮，下周我们将在圣西罗对阵罗马。我首发出场，但很快在开场几分钟就受伤了，我在与费尔南多·库托的对抗中伤到了左膝。

我想到了 AC 米兰。

我想到了切尔西。

我也想到了即将到来的德国世界杯，这将是乌克兰历史上第一次参加的世界杯，我们的首场比赛定于 6 月 14 日，在莱比锡对阵西班牙。

我想到了自己。

心中涌现出无数疑问。这些相互冲突的概念就像在只有我能看到的擂台上，一次次倒下又站起，承受粗暴直接的打击。昨天、今天、明天，一切都在同一瞬间发生。我触摸着膝盖，摇了摇头，又摇摇膝盖，我触摸着头，二者因不同的原因而感到疼痛。情感的短路，我不再确定能否参加世界杯。我对任何事都不再有把握。我坐上车，带着膝盖伤开到了阿尔科雷，贝卢斯科尼在他的家中等着我。

“你怎么样，安德烈？”

“我不知道……”

“听着，安德烈，我直接说了，去切尔西真的是你想要的吗？”

“我考虑了很多。是的，我想尝试一次新的体验。”

“如果你这样想，我既不能也不想阻止你，我会为了你的幸福放你离开。但你也知道，我们都希望你留下，米兰是你的家。”

“谢谢。”

“去做膝盖的检查，然后我们再看。现在去吧，卡尔洛和小伙子们在费莱加拉等你吃晚饭呢。”

他再一次像对待儿子一样对待了我。

从帕尔马到阿尔科雷是一段充满感情的旅程，时而汹涌澎湃：我本应该和贝卢斯科尼谈好，宣布在红黑军团的七个赛季后离开，尽管还留有一丝疑虑。当人距离如此彻底和根本的变化仅一步之遥时，可能也从未完全确信，否则我们就是机器人。我对AC米兰和这个环境的感情再次触动了我的心。

阿尔科雷到费莱加拉，感觉和来时一样：在餐桌上我本应遇见加利亚尼、球队、教练。他们都知道我迟到的原因，当我按响门铃时，安切洛蒂直接回答道。

“米兰之家，晚上好……”就这样。

最后他们没有问我任何问题，但他们已经明白了。

没有必要说什么，我们一起玩得很开心。

然后我又驾车了，费莱加拉到米兰，一位专家在等待检查我的膝盖。

“安德烈，60%的可能需要手术，40%不需要。”

“告诉我恢复时间，教授。”

“如果进行手术，你需要两三个月才能回到球场，并且你将错过世界杯。如果不做手术，我也不能保证你能及时恢复。”

“那我就冒这个险，我不做手术。世界杯是我整个职业生涯的梦想。我赢得了资格，我不想失去它。”

与此同时，5月12日早上，在罗马，意大利总理（贝卢斯科尼）在基吉宫的大门前停下来，与一群参加学校旅行的儿童和青少年聊天。

他问了一个孩子一个问题。

“你多大了？”

“13岁，总理先生。”

“我在你这个阶段已经15岁了。”

对另一个人，一次坦白。

“总理先生，能帮我向舍瓦打个招呼吗？”

“但你知道舍甫琴科想要离开吗？他想去英格兰。”

一番简短的话语很快在足球世界传开。秘密揭露，天要塌下来了。在那天下午晚些时候，我出现在米兰内洛的新闻发布会上，我非常激动，说了太多，或许有些话并不完全符合事实，但我始终是出于善意。我证实有可能离开米兰，我补充说我考虑离开是为了家人。我说话时很吃力，我哽咽了，我是人，是有感情的。

对阵罗马的最后一场比赛，我因伤缺席，在看台上和球迷们一起观看了上半场。整个圣西罗球场为我发起合唱。

“舍瓦，留下来。”

我哭了，大家都哭了。

加利亚尼后来叫我去了他的办公室。

“来，安德烈，坐下。读读这个。”

他在办公桌上放下了一份崭新的合同，为期五年，薪水与切尔西提供的相同。

“加利亚尼先生……”

“签下它，留在这里，在你的家。”

“加利亚尼先生，我已经做出了我的决定。”

一片寂静，长时间的寂静。他眼里含着泪水，我也是。

“安德烈，我再问你一次：你确定吗？”

“我确定。”

至此，他打电话给了阿布拉莫维奇。

“罗曼，我在这里和舍瓦在一起，如果你们愿意，可以完成这笔交易，我们也给了绿灯。AC 米兰的绿灯，虽然缺乏热情。”

我们相互拥抱。

我去了切尔西，但不是为了钱。在 AC 米兰，我全心全意地付出，从第一天起就始终保持诚实，我犯了一些错误。这个决定完全是由我做出的，并非来自家庭。简单来说，对我的职业生涯而言，我认为这是改变的正确时机。

“安德烈，还有一件事。”

“请说，加利亚尼先生。”

“你会看到，这是一次再见，而不是永别。”

第二十八章

世界杯

在我迫切需要笑一笑，寻找轻松一刻的时候，我总会想起我的朋友多纳托有天接到的一个电话，我把它视为迅速起效的快乐药丸。在我从AC米兰转会到切尔西的那些过渡时期，我也是这么做的。

“喂，阿尔巴内塞先生？”

“是的，您是谁？”

“我是布莱维奥的市长，安德烈·舍甫琴科住在我们这儿。”

“啊……”

“听说，是您负责在租给这位AC米兰球员的别墅里建了一个小型高尔夫球场吗？”

“我们是在说卡德马尔托里别墅吗，市长先生？”

“正是那幢别墅。”

“是的，是我。”

这幢别墅在我之前，也曾接待过卡尔－海因茨·鲁梅尼格，那是他在效力国际米兰期间的事情。

“那么，请您帮个忙。能告诉您的朋友安德烈，如果他真的非常想从家中直接穿越科莫湖，可以使用一条船吗？没必要用高尔夫球做成一道浮桥。”

事实是，为了练习开球，通常用于更长距离球洞的第一杆，我买了两千个球。直接将球打向了水面，那些球在那待了一周。

“市长，那些高尔夫球是可生物降解的。”

“我很清楚，阿尔巴内塞先生，但是对布莱维奥的其他居民，谁来向他们解释？他们可不信，坚持认为舍甫琴科在污染整个湖泊。”

多纳托说服了我不再另外购买两千个球。不过，那些球确实是可以生物降解的。

想起那个场景对我的心情有好处。当需要的时候，我就从记忆中重新捡起来，大笑一场。

通常，高尔夫球就是让我放松的方式：直接去球场打几洞解压球，呼吸新鲜空气，在大自然中散步，这些都是我在2006年夏天等待确认是否能参加我的第一次世界杯时不能做的事情，我的膝盖会发出咔嗒声。此外，即将在切尔西进行的医疗检查也迫在眉睫，我可能带着伤去参加，这并不是我新冒险的理想开局。

5月31日，我在AC米兰的许可下飞往伦敦。最终一切顺利，我签署了合约，阿布拉莫维奇的俱乐部正式宣布了我的加盟。

我收到的第一个电话来自贝卢斯科尼。

“安德烈，你开心吗？”

第二个是加利亚尼。

“舍瓦，祝你好运。”

一切都发生得很快，我还简短地见到了切尔西的教练若泽·穆里尼奥，他邀请我到他的办公室。

“恢复健康并为你的国家队效力，我们保持联系。根据乌克兰在德国世界杯的表现，我会告诉你应该何时开始合练。”

我继续接受治疗，把6月14日的首秀当作沙漠中的绿洲，渴望突然涌出泉水。我想象着对阵西班牙的比赛，但不确定能否出场。这如同悬挂在云端的绳索，一次没有把握的攀爬。6月8日，我开始和队友们一起训练，甚至在那场比赛的前10天，我还在对阵卢森堡的友谊赛中上场踢了一会（对我而言是唯一的一场）。我们以3比0获胜，我打进一球，但还是一瘸一拐的。我感觉自己没到百分之百的状态，甚至都不到百分之五十。我名义上是安德烈·舍甫琴科，实际上还不足以代表我自己的一小部分。为了尽可能加快恢复速度，我在德国带上了一个由皮耶罗·塞尔佩洛尼组建的小型个人团队，就是皮尔洛介绍给我的那个物理治疗师，以及从AC米兰借来的一位日本按摩师。贝卢斯科尼和加利亚尼显示了良好姿态，允许他跟着我。我非常努力地工作，以恢复到至少可以接受的状态水平。

在与西班牙的赛前48小时，国家队主教练想和我谈谈。他是奥列赫·布洛欣，乌克兰三位赢得过金球奖的球员之一。

"安德烈，你感觉怎样？"

"还没达到最佳状态。"

"如果你不上场，你永远也达不到那种状态。我知道你还不能发挥到最好，但你是球队队长，这支球队第一次参加世界杯，我相信你会一场比一场好。"

他的意思是我不能退缩。为了乌克兰，为了创造历史。为了他，为了我，为了所有人。

我从第1分钟就出场了，在莱比锡的酷热中比赛，以0比4结束。进球的是哈维·阿隆索、费尔南多·托雷斯和大卫·比利亚，比利亚打进了两球。我们被击溃了，就像铺在地上的红毯，而他们像是行走在上面的国王。我无法冲刺，感觉很吃力，明显看出我状态一点也不好。

这个结果在队内造成了很强的紧张情绪，没人能露出笑容。从外部来看，新闻界的狙击手开始瞄准我们，对我们进行了各种角度的猛烈抨击。这场失利过于惨痛，让我们很容易受到友人误伤。这种情况无法持续，否则可能会发生内爆。因此，作为队长，我组织了一次全体队员会议，包括我在基辅迪纳摩一起度过重要时光的像绍夫科夫斯基和雷布罗夫这样的球员。我们穿上铠甲，在咬紧牙关前就已经达成协议：我们将为这身战袍倾尽全力，无论是受伤还是健康，无论是新人还是更衣室的元老们。世界杯期间恰恰不应该是感到恐惧的时候，也不该是退缩收腿的月份。这次谈话的意义得到了阵容中从第一个到最后一个队员的共鸣。

“我们必须团结一致，我们有义务表现得像一支球队。”

我们代表乌克兰，乌克兰配得上尊重和感激，我们都是她的孩子。

会议结束后，我去找了布洛欣。

“别担心，教练，所有问题都解决了。”

6 月 19 日在汉堡，我们面对沙特阿拉伯，以 4 比 0 赢得了一场精彩的比赛。

我们向世界展示了自己，向世界杯伸出了手。

“很高兴认识你，我们是那些从来不会退让一步的人，对不起我们来晚了。”

我打进一球，送出一个助攻。我感觉好多了，我意识到我们的教练让我在对西班牙的比赛中登场是正确的，那看似冒险的举动实际上是值得的。一场确实的失败尽快换来了胜利回归，阳光再次照耀在我们身上。我的妻子克里斯汀怀着我们的第二个孩子来看我，我的家人以及刚出狱的那个朋友也来了。在布洛欣批准的一个休息日中，我们一起去了波茨坦，这是我父亲在军队服役十二年的城市。老房子还在，我们参观了那里，回到了起点，也是喘了口气，那是我出生之前生活的故事。我的妹妹也是在德国出生的，同样在德国，乌克兰正在重生。

一位来自贝加莫的朋友给我寄来了一箱意大利葡萄酒，喝一杯葡萄酒成了我们团队中不可或缺的仪式，为我们的世界杯干杯。作为大本营，足协选择了莱比锡郊外的一家酒店，而在与沙特阿拉伯对决前的会议后，球员们晚上开始越来越频繁地聚在一起。晚上聊天，讨论明天，规划下一个梦想。我们平等地分担责任，当负担被分开，它就更容易承受。这叫作心灵的数学，你不再是一个人扛下所有的重担，而只是扛一小块，背上的瘀青变小了，几乎察觉不到。你会感觉轻松许多，如果你愿意甚至可以跑起来。就像我们对阵突尼斯做到的那样，6月23日，在柏林进行的H组最后一场比赛。比赛以1比0结束，我从点球点打入一球，我们晋级到了1/8决赛，三天后在科隆对阵瑞士，那是一场无休无止的比赛。

第90分钟是0比0。

加时到120分钟仍然是0比0。

在点球大战中，我们的守门员绍夫科夫斯基的表现令所有人着迷。我首先罚失，而他最后成了英雄，挡住了马尔科·斯特雷勒和里卡多·卡瓦纳斯的射门，同时特兰奎洛·巴内塔的射门击中了横梁。

瑞士一球未进，而我们凭借米列夫斯基、雷布罗夫和古塞夫的进球，赢得了对阵意大利的1/4决赛资格。要进入半决赛，我们必须击败意大利队，他们在小组赛阶段击败了加纳和捷克，而与美国队打成平手，然后在1/8决赛中战胜澳大利亚，团队协作是他们的强项。意大利是一支在1991年乌克兰独立之前就赢得了三次世界杯的国家队：1934年和1938年世界杯，在传奇教练维托里奥·波佐的带领下，以及1982年在恩佐·贝阿尔佐特的指导下。对我来说这场比赛像是一场德比，我是最意大利的乌克兰人。

我们虽未能创造奇迹，但仍然高昂着头离场。的确，我们的对手以3比0获胜，凭借詹卢卡·赞布罗塔的进球和卢卡·托尼的梅开二度，不过我们也有几次足以破门的机会。在上半场的一次过程中，我在射门的同时也击中了球场的地面。我坚持到了最后，但我的膝盖又重新出现了不适。

那是6月30日。

当我们回到基辅时，人们走上街头感谢我们。乌克兰刚刚成为世界杯八强之一。

意大利。

法国。

德国。

葡萄牙。

巴西。

阿根廷。

英格兰。

还有我们。

一种自豪感，多少赞美，多少拍肩祝贺，然后电话接踵而至。

雷佐震了我一下："我知道你想带我去切尔西，感谢你的提议，但我会留在米兰。"

皮耶罗·塞尔佩洛尼哭着打来电话："我不能跟你去伦敦，我儿子被诊断出了一种严重的疾病。"我感到窒息，孩子们应该是不可侵犯的，应该免受任何痛苦，只消轻轻一跳，就能躲避命运和它带来的绊脚石。他抗争了，接受了治疗，最终康复了。

穆里尼奥也联系了我："安德烈，我在七月底的洛杉矶集训营等你。"

一万千米以外，在世界的另一端。

在AC米兰的另一边。对于我来说，也是我第一次，站在自己的对立面。

第二十九章

伤病

那个夏天我没有休假。

从 2006 年德国世界杯归来，到准备登陆切尔西之间，实际上我一点没有休息过。因为我还必须尝试恢复我受伤的膝盖伤，那是我从对阵意大利的比赛中留下的后遗症。西尔瓦诺·科蒂帮助了我，一位我过去曾经合作过的理疗师，他是刚刚随里皮赢得世界杯的新科冠军队成员。我知道自己被照顾得很好，但习惯却被打乱了。这是我第一次不能像往常一样休息一个月，然后和俱乐部一起进行体能准备，而我的身体一直都习惯了那样的节奏。而且，我没有足够的时间在新的赛季恢复身体的秩序。

我穿上了新的球衣。

开始了一段新的冒险。

即便是西尔瓦诺，也无法在几周内创造奇迹。事实上，当我到达洛杉矶时，我感到很疲惫，膝盖也还没有完全恢复。从加州大学集训营的第一天起，我就感到了极大的疲劳，那里曾经走出了像卡里姆·阿卜杜尔－贾巴尔这样的篮球冠军和吉米·康纳斯这样的网球冠军，他们是体育界的传奇。我全力以赴，因为我不知道还能怎样做，但我感觉到，引擎并没有像应有的那样运转。穆里尼奥召集了球队进行第一次演说。

“小伙子们，对我来说你们都是一样的，我不搞特殊。我不区分大牌和小牌，只有在训练中让我信服的人才能上场。这是一个能赢得很多冠军的团队，内部的竞争对你们有好处。”

我马上就明白他喜欢直截了当，他是一个直接的人。事实是，即使当我们回到伦敦，开始认真对待比赛时，我也从未达到过最佳状态。这几乎是一种积习已久的不完整感，那是在世界杯前和期间消耗的能量长波。

2006 年 8 月 13 日，我作为首发出战了社区盾赛，意大利超级杯的英国版，也就是英超联赛冠军和足总杯冠军的正面对决。具体来说，是切尔西对阵利物浦。我进球了，但我们输了，比赛十分均衡，第一个可能的冠军奖杯就这样溜走了。赛季伊始，这种情况是有可能发生的。

联赛开始了。

2006 年 8 月 20 日，切尔西 4 比 0 曼城。我没有进球。

2006 年 8 月 23 日，米德尔斯堡 2 比 1 切尔西。我打进了在英超的第一粒进球。

2006 年 8 月 29 日，布莱克本流浪者 0 比 2 切尔西。没有一球是我打进的。

2006 年 9 月 9 日，切尔西 2 比 1 查尔顿竞技。我颗粒无收。

欧冠之路也开启了。

2006 年 9 月 12 日，切尔西 2 比 0 云达不来梅。我的情况如上。

回到联赛。

2006 年 9 月 17 日，切尔西 1 比 0 利物浦。我的进球账户依旧是个零。

2006 年 9 月 23 日，富勒姆 0 比 2 切尔西，没有需要特别指出的。

穆里尼奥把我叫到了他的办公室。

他问："安德烈，出什么事了？"

我回答："我知道自己进度落后了，我还没有找到最佳状态。"

我又投身到欧冠中。

2006 年 9 月 27 日，列夫斯基索菲亚 1 比 3 切尔西。长时间的进球荒。

联赛再次来临。

2006 年 9 月 30 日，切尔西 1 比 1 阿斯顿维拉。再一次，没有进球。

到了 9 月底，至少在我心里，情况变得难以处理，我还遇到了另一个肌肉问题。我很难过，因为无法百分之百的发挥，因为球迷和俱乐部一直用各种方式支持我。这群特别的人本应该看到，品味到真正的舍甫琴科。一个不那么疲惫，已经恢复的舍甫琴科。然而接下来的几个月，一直到 2006 年年底，情况依旧如此。

穆里尼奥向我告知。

"安德烈，之后有时我会把你留在替补席上。"

"我知道你需要为了球队的利益做出你的选择。"

11 月 10 日，在伦敦，我的第二个儿子克里斯蒂安出生了。这是一种强烈到难以描述的情感，与乔丹出生时的情形如出一辙。美好的日子总是带来全新的体验，即便它们重复发生。

报纸对我进行了许多批评，但只有我自己知道问题所在 —— 那该死的疲劳感，从未得到恢复。我又和穆里尼奥谈了谈。

"若泽，相信我。我不需要帮助，我只是需要恢复失去的活力。"

这不是心理问题，纯粹是身体上的活力。

尽管有时我会默默地问自己："也许应该回到 AC 米兰？"

这些都是临时的忧虑，因为去切尔西完全是我的选择，我绝不是那种在困难面前轻易放弃的人。我咬紧牙关，努力训练，将我的肌肉交给西尔瓦诺处理。我从未畏缩，无论是身体还是心理。

随着新年的到来，情况有所改善。我感觉到力量正在回归，在头几个月里我看到了希望的曙光，2月份我们还赢得了联赛杯，击败阿森纳进入决赛。这些比赛我表现得不错，我发现穆里尼奥也更加满意了。

“安德烈，你又回来了。”

我在英超、足总杯和欧冠中重新开始进球（在对阵瓦伦西亚的欧冠1/4决赛次回合中，我的进球对于晋级至关重要）。不过，看起来这并不是一个属于我的赛季，尽管最近一段时间的消息令人鼓舞，但一开始就不顺。

2007年4月10日，我们在瓦伦西亚赢得了比赛，15日，我们在足总杯半决赛中对阵布莱克本流浪者，并击败了他们。但是比赛结束时，我的身体发出了新的警报信号，我感到腹部疼痛。日程表上的日子变得越来越暗淡，尽管当时我还不知道。日程安排通常很乏味，但在这种情况下，时间的推移很好地描述了我的磨难。指针吵闹而狂乱，成为每周毫无生气、千篇一律的背景音。在训练中，我开始感到疼痛，每一次冲刺。

4月18日，对阵西汉姆联的联赛，我没有上场比赛。

4月25日，我们将在欧冠半决赛首回合对阵利物浦，这是一场置于欧洲中心的英格兰德比。当大战战来临时，我已经支离破碎，穆里尼奥仍将我排在首发阵容中，站在对方门前的是雷纳，板凳席上的杜德克已经舞不起来了。我们设法取得了胜利，1比0，多亏了乔·科尔。终场哨响时，痛感加剧，医生对我进行了检查。

“安德烈，我认为这是腹股沟疝气。”

半决赛次回合比赛定于5月1日在安菲尔德举行。在那之前，4月28日我们还要在联赛中对阵博尔顿。我确实参加了比赛，但我几乎站不稳。一个痛苦的上半场，只能忍住哭泣。每一次冲刺的背后，都是想早点结束的愿望，事实上在中场休息时穆里尼奥就把我换下了。第二天，又是一次医生检查，又是一次前往穆里尼奥办公室。

“若泽，我没法坚持下去了。”

“听着安德烈，明天在前往利物浦之前我们将进行最后一次训练。你试一试，然后我们一起决定。”

10 分钟就够了。我举起手臂，引起了教练的注意。停，我到此为止了。一个冷水澡。沉重的思绪。又一次进入我已经轻车熟路的教练办公室，那里已经成了我家的一个别间了。那是 4 月 30 日发生的事情。

“安德烈，你感觉怎么样？”

“我很遗憾，若泽，我跑不起来了，有时甚至连走都走不动。”

我没有被征召。我第一个英格兰赛季实际上就此结束，以 51 场比赛中打进的 14 球和一路上诸多的身体障碍做伴。

利物浦在点球大战后晋级，常规时间内以阿格的进球以 1 比 0 取胜。后一晚，AC 米兰在圣西罗以 3 比 0 击碎曼联，打出了众人皆知的“完美比赛”，从而晋级到在雅典举行的决赛。AC 米兰对利物浦，再次为欧洲荣耀而战。然而，我无法感到高兴，切尔西被淘汰了，我正与烦人的身体问题做斗争，且难以解决。这让我无法安心。同一个问题在赛季末也让我无法参加对阵曼联的足总杯决赛，这场胜利由我的队友们获得，他们感受颇深，因为曼联刚刚以 6 分的优势压过我们赢得了英超联赛。对于切尔西而言，这是又一座奖杯，继联赛杯成功后的第二个冠军。

那是弗兰克·兰帕德、约翰·特里、迪迪埃·德罗巴的切尔西。是属于所有人的，但还不是属于我的。

各种报纸对我因腹股沟疝气缺席对阵利物浦的半决赛次回合给予了大量批评，他们认为我在关键时刻退缩了。这不是真的，实际上我需要在德国接受手术。

2006 年的德国，我体验了天堂的滋味。

2007 年的德国，我希望能从地狱中重新站起。

我亏欠我们忠诚的球迷们，我亏欠我们的俱乐部。

第三十章

重逢

不幸的是，在手术过程中有些东西没有起到应有的效果。

我没有恢复到手术前的状态。

我的左侧内收肌不再生长，从这一点上来说，问题变成了慢性的。我失去了力量。似乎是神经出了问题，一部分感知没有了。当我踢球时，没有了应该具有的和我想要的感觉。

尽管如此，我坚决相信自己，相信自己有能力回到以往一直属于我的水平。

在我加入切尔西的第一年，围绕我的表现有很多猜测。我希望人们理解，我的困难来自严重的身体问题。球迷们对我非常慷慨，不幸的是，由于健康原因，我无法拿出最好的状态，我没能持续展示出我最精彩的足球，不幸的是，第二年的情况也是如此，围绕着一片毁灭性的空白。

在德国手术后，我在 2007 年夏天尝试恢复。与 12 个月前相比，我是能够去度假了，但我感觉自己仍然处于落后状态。在一到十的台阶上，我尽最大努力训练，但收获甚微。我付出了十分的努力，但只得到一分的结果。即使正式赛季开始时，情况仍旧如此，当时的教练还是穆里尼奥。

“安德烈，在这种情况下很难让你出场。”

或许在那一刻我对他的决定感到不满和生气，但自从我成为教练以后，我也理解了。他是在为球队做出正确的选择。任何球员都希望能上场比赛，哪怕是跛着也行。联赛已经开始，我的角色就像是一个无形的前锋，一个连自己都害怕的幽灵。我不在场上的时候，曼联在温布利通过点球大战击败了我们，赢得了社区盾赛。在联赛初期我消失了，一直到 9 月的国际比赛日，那是专门留给国家队的时刻。尽管如此，布洛欣，乌克兰国家队主教练，还是召我参加了对阵格鲁吉亚的客场和对意大利的主场比赛，为了 2008 年欧洲杯预选赛。

“你是我们的队长，我们需要你。”第一场比赛，9 月 8 日在第比利斯进行，我踢满了 90 分钟，我们 1 比 1 打平。第二场，12 日在基辅进行，我们以 1 比 2 败给对手，但我有进球。特别是对阵意大利的比赛，我感觉更好了。我踢了一场不错的比赛，开始找回了正确的节奏。一回到伦敦，穆里尼奥就要跟我谈话。

“安德烈，我在电视上看了你对阵意大利的比赛，我很喜欢你的表现。在这里，训练中我看你有些落后。从切尔西到乌克兰，有什么变化吗？”

“在第比利斯，教练帮了我，我需要从头到尾都在场上，不管状态如何。那 90 分钟让我能够在对阵意大利时拿出好的表现。”

“很好，我看你表现真的很不错。现在感觉怎么样，累了吗？”

“不，一切都好。”

“太好了。那我也安排你上场。”

事实上，9 月 15 日对布莱克本流浪者的英超联赛，他让我从第 1 分钟就出场了，比赛 0 比 0 打平。18 日对阵罗森博格的欧洲冠军联赛，比赛1比1平，我有进球。两天后，穆里尼奥和切尔西通过双方同意的方式分开了。我和若泽之间从来没有过问题。有时感到满意，有时不会，但我一直尊重他作为教练的选择。与他的对话从未中断过，从我们一起共事的第一天到最后一天都保持活跃。

他的位置由阿夫拉姆·格兰特接替，直到那时他还在切尔西担任技术总监职位。他过去只在以色列担任过教练，包括国家队经历。

从11月到12月，他让我踢了一些比赛，后来我再次陷入了无底洞。英格兰的节礼日是最令人喜爱的日子之一，这一天对英国家庭来说是传统节日，节日中的节日。12月26日，到体育场守日，在家过完圣诞后，先吃饭然后去看球，拆开亲戚的礼物，24小时后跑到看台上观赛。在那个时间点，切尔西成了球迷们的礼物，我们在斯坦福桥迎战阿斯顿维拉。我首发登场，我们先是0比2落后，随后我打进两球，上半场结束前通过点球一蹴而就，下半场刚开始不久又用右脚完成破门。依靠我给阿莱士送去的助攻，我们一度3比2取得领先，比赛最终以4比4结束。

这是一场有趣的战斗，对所有人来说都是，但对我不是，因为在最后5分钟，我突然感到小腿剧痛，我再也无法发力。我正处于最佳状态，因此这也是让我难受的最糟糕方式。

再度。

依然。

又一次。

西尔瓦诺·科蒂来到伦敦照料我，他立即注意到了一件事。

“安德烈，看吧，伤势不是小腿的问题。”

实际上，问题是椎间盘突出。这与之前治疗腹股沟疝气手术出问题相关。

我立刻意识到不应该再进行一次手术了，但我花了3个月的时间才从中恢复过来。

我感到绝望，我失去了力量，我无法连续跑动超过十米。我的腿不听使唤，几秒钟后小腿就会变硬。我接受治疗，打针，尝试训练。情况越来越糟。

我害怕自己不能再踢足球了。

这是一种可怕的感觉，我只想逃离，如果我有速度支撑的话。最大的挫败感来自我甚至无法甩掉自己的影子，而我曾经的影子已经离我而去。存在的沉重感无形中压得我喘不过气来。我的身体仿佛死去了，就像那些随意飘来飘去的充气玩具，没有逻辑，甚至经常不随风向而移动。我为球迷、为俱乐部感到痛苦，我希望能为他们所表现出的爱而劈碎整个世界。然而，唯一碎裂的只有我自己。

几个月后，我突然开始好转。重新控制我的身体，至少是一部分。慢慢地，格兰特开始让我坐在替补席上，让我在比赛的最后几分钟上场。有时是几分钟，有时是一刻钟。这些都是隐藏在表面正常下的小型炸弹，我去找他谈话了。

“让我在最后 5 分钟或更少时间内上场有什么意义呢？我可以跟着预备队踢球吗？这样，至少我可以试着恢复比赛节奏。”

“尽管去好了。”

那段时间，预备队由布兰登·罗杰斯带领。可以看出他是一位非常有准备的教练，他会有所作为。他帮助了我，让我重新体验到足球场的乐趣。在某种程度上，他让我重新站了起来，甚至调整了我的想法，让我在赛季的最后阶段回归到了格兰特的麾下。

2008 年 4 月 22 日，我在欧冠半决赛首回合对阵利物浦的比赛中坐在替补席上观战。4 月 26 日，在联赛倒数第 3 轮对阵曼联的比赛中，我在结束前 9 分钟替补出场。我们以 2 比 1 获胜，与对手在积分榜上并列，但在净胜球上仍处于劣势。

4 月 30 日，在欧冠半决赛次回合中我们淘汰了利物浦，晋级到莫斯科的决赛。胜利是在加时赛中实现的，我在比赛结束前 1 分钟才替补上场。

5 月 5 日，在英超联赛中，我们在纽卡斯尔的客场赛事中赢得了 3 分。格兰特在第 86 分钟将派我出场。

5 月 11 日，我们在对阵博尔顿的赛事中以 1 比 1 战平结束了联赛。我踢了整个下半场并打进一球。然而，我们最终排名第二，落后于在客场击败威根的曼联，并将在 5 月 21 日的欧冠决赛中再次对阵他们。

我为这场决定冠军归属的比赛做了很多努力，以便尽可能地调整状态。我知道自己的身体状况不适合首发，但在精神和体力上，我认为自己准备好了随时上场贡献力量。

比赛前几天，格兰特给了我希望。

“安德烈，你看起来不错，做好准备。”

然而，在卢日尼基体育场的决赛中，我整场比赛都坐在替补席上。最终，经过点球大战，曼联获胜了。对方的克里斯蒂亚诺·罗纳尔多罚失了一粒点球，而特里在踢出制胜球时滑倒了。最终由范德萨扑出了阿内尔卡的点球，决定了胜负。

我很遗憾没有被换上场，尤其是再一次在点球点前输掉了欧冠决赛。我立刻回到了更衣室，甚至没有去领取亚军的奖牌。没有争议，只是单纯觉得失望，因为我们没有赢得比赛，没有能够为罗曼·阿布拉莫维奇送上他一直追求的成就。作为俄罗斯人，在他的首都赢得冠军会有一种特别的、更加甜美的滋味。让我难过的是没能帮助他实现那个梦想。比赛后我们回到酒店时，他也在那里。我们聊了很长时间。

后来，我出发前往基辅，穿上了国家队球衣，最后去度假。先是去了巴哈马，然后是迈阿密。我感觉很不好。我再次出现了剧烈的腹痛。在返回切尔西为准备 2008/2009 赛季而进行的集训前两周，我开始了单独训练，在沙滩上跑步。简直一团糟。一个朋友建议我去拜访一个美国著名的专家，那里是 NBA 的篮球运动员和 NFL 的橄榄球运动员常去的地方。经过核磁共振检查，他说出了我害怕但又不愿意听到的话。

“还是腹股沟疝气，第一次手术没做好，现在需要再次手术，而且要尽快。明天我给你做手术。”

我立刻通知了切尔西。

“24小时后我将接受手术，集训我会迟点到，需要在佛罗里达这里恢复几周。”

当我重新出现在伦敦时，我与新教练路易斯·菲利佩·斯科拉里聊了聊，他是格兰特的替代者，2002年带领巴西赢得了世界杯冠军。

“安德烈，专注于恢复。”

我参加了球队在中国和马来西亚的巡回赛，但在场上我显得动作迟缓。力量又一次消失了，那种挫败感混杂着尴尬感再次涌上心头。其他人都状态良好并在正常比赛，而我却步履蹒跚，痛苦不堪。在赛季前我们还参加了在莫斯科举行的俄罗斯铁路杯，那是夺走我们欧冠冠军的城市。

2008年8月3日，在该项锦标赛的季军争夺战中，我们面对AC米兰并以5比0的比分击败了他们，阿内尔卡打入4球，兰帕德打进1球。是我换下了阿内尔卡，踢了最后的25分钟。我想到了加利亚尼在乔丹的洗礼仪式上唱着文迪蒂的歌曲。

“有些爱情没有终点／它们经历无限曲折然后重归于好。”

加利亚尼，那位歌手。

加利亚尼，AC米兰的首席执行官。

加利亚尼，那个疯狂爱着那支球队的人。

加利亚尼，给我发送了一个明确的信息。

“安德烈，如果你需要比赛时间，如果你想回到这里，我们等着你。我们将帮助你，我们已经和安切洛蒂谈过了。”

贝卢斯科尼也对我说了同样的话。

我感觉不好，需要恢复作为一名球员的状态，我向阿布拉莫维奇开诚布公。

“罗曼，拜托请让我回到 AC 米兰。”

“如果你觉得那对你更好，我会放你走的。”

罗曼总是想让他的所有球员过得更好，这一点很明显。他给了我远远超出我所能回报的东西，我持续受到健康问题的困扰，这一直是我心中的痛。

2008 年 8 月 24 日，我成了 AC 米兰的一名前锋，再一次。这次是以租借的方式。我在狂热中寻找自己的灵魂。

第三十一章

回乡

我成为谁？

这是问题中的问题，我的内心倍感煎熬。

我不打算继续幽灵般的生活，我的目标是尝试重新开始踢足球。我觉得重返 AC 米兰是最正确、最明智的选择。这是一条熟悉的道路，我在回望过去的同时继续前行，它是通往家的安心小径。那是老朋友们的温暖拥抱，是一个曾治愈我许多伤痛的环境。

在我的职业生涯中，我总是会重看录像，尝试找出错误并据此改正。在切尔西，我停止了这样做，我已经认不出那个穿着蓝色球衣、在球场上拖着沉重步伐饱受伤痛折磨的前锋。随着时间流逝，我越来越害怕再也找不回那个曾经的舍甫琴科。在我渴望经历另一种现状的那一刻，我却生活在回忆中。

在意大利，我没有拿回 7 号球衣，帕托已经占有了它，他保留着是对的。我转而选择了 76 号，那是我的出生年份，也是以这种方式表达我 32 岁的年纪，岁月静好的年纪，身体却在发出抗议声。教练席指挥着的仍然是安切洛蒂，我在场上近距离欣赏了罗纳尔迪尼奥的才华，一个绝对的现象级球员。同时在训练中，我发现了大卫·贝克汉姆极致的职业精神。那些不了解他的人可能只会谈论他的形象、他的妻子维多利亚，还有他的时尚造型。而那些有幸与他日复一日共事的人，则更愿意讲述他近乎痴迷的专注，不断提升水平的决心、汗水与努力，以及通过跑步和训练来增强已经非常精细的技术。他是一个榜样，我非常欣赏他的这种生活方式和对足球运动员角色的理解。我们一起共进过很多次晚餐，共度过许多有趣的时光，比如那次我邀请他来我家，一起在电视上观看国际米兰与曼联的欧冠 1/8 决赛。看球小组还包括贝佩·法瓦利、保罗·马尔蒂尼、亚历山德罗·内斯塔和我的朋友多纳托。大卫·贝克汉姆曾在曼联效力多年，仍然是他们的球迷，一个异乡的恋人。作为 AC 米兰球迷，作为队友，我们坐在沙发上与他同一战线。最终比分为 2 比 0，英国球队获胜，可以说我们看球团的一些成员一次又一次地冲到窗口大喊："球进了！"

那是在我拉韦扎街家里发生的事情，那里距离圣西罗并不远，有一次正是和贝克汉姆、法瓦利和内斯塔一起在小花园里踢了一会儿球。时不时地，球会飞出围墙，落在邻居的草坪上。这时我们会像孩子们一样喊"捡下球"，但没人应答。幸运的是，我们还有备用球。准确地说，我们并不是很安静，偶尔会有吵闹声传出去。到了一定程度，我们听到门铃响了。我们对视一眼，心想：看来有人因为我们制造的麻烦而生气了，来抗议了。

实际上，当我们开门时，看到的是邻居站在门前，手里拿着四个球，看起来像个杂耍演员。他脸上的表情如下：

"对不起，小伙子们，这些是你们的吗？"

"是的，保罗……"

保罗·马尔蒂尼。

我的邻居是保罗·马尔蒂尼。

我们都笑了起来，我们刚刚为我们即兴的比赛找到了一位新的参与者。

“如果可能的话，我更愿意被安排在后卫位置……”

我们在一起的感觉很好，这是一个很棒的团队。但是，我的身体问题还在困扰着我。有时候我能上场，很多时候不能，但与过去相比，如果安切洛蒂决定让我坐在替补席上，我不会抱怨，我知道他是对的。我遭受了一些肌肉伤病，尤其是背部疼痛严重，以至于我都不能开车。我还买了一辆哈雷－戴维森摩托车，总共骑了50千米。穿上乌克兰的球衣让我露出了更多笑容，在温布利对英格兰以及在克罗地亚主场萨格勒布的比赛中我都取得了进球，为了2010年南非世界杯预选赛。那些夜晚让我保持站立，精神活跃。但与我所希望的相比，这还远远不够，与习惯于书写足球年鉴相比，简直微不足道。事实是，我在身体上继续挣扎着，极其艰难。

这不是轻易能接受的。

也不是轻易能自我接受的。

说起来，在回归AC米兰之前，罗马也运作过，想把我带走。我和他们的转会市场负责人弗朗科·巴尔迪尼聊过，之后和教练卢奇亚诺·斯帕莱蒂也谈过。

“来吧，安德烈。我们需要你。”

“教练，您是一个我非常敬重的人，罗马是一家伟大的俱乐部，能够和像弗朗切斯科·托蒂这样的冠军球员并肩作战将让我满怀喜悦。但是，我必须拒绝您。在意甲我唯一的战袍就是红黑色。”

从好的方向来说，这是一次愉快的交谈，让我感到自己很重要，受到了欣赏和激励。即使2008/2009赛季的数据解释了一切，也就是我的米兰二期、马尔蒂尼非凡职业生涯的最后一个赛季，我出场26次，仅打进两球，一个是在联盟杯对阵苏黎世的比赛中，另一个则是在意大利杯对拉齐奥的比赛中。几乎什么也没做，数据统计微不足道，表演屈指可数。

我向安切洛蒂送去问候，回到了切尔西。

等我到达切尔西，再次问候了安切洛蒂，他那时已被阿布拉莫维奇选为新任主教练。

在伦敦我没有经历太长时间。我和安切洛蒂共事了许多年，我们的职业关系转变为了友谊，但我知道他得做出他认为合适的选择，在那一刻，我显然不是他的首选。我们进行了交谈，他告诉我不会被列入欧足联大名单，也就是说我无法在欧冠联赛中出场。2009 年 8 月 18 日，在对阵桑德兰的英超联赛中，我在比赛结束前 4 分钟替换了德科登场。之后，我接到了一个电话。

“听着安德烈，这个赛季我们要参加欧冠了，我们将很高兴能指望上你。好好考虑一下。”这是苏尔基斯打来的，基辅迪纳摩的主席，两年前他还为俱乐部聘请了新的总经理：雷佐·乔克霍内利泽。

那个雷佐。

我的雷佐。

我告诉了安切洛蒂。

“我想回到那些需要我的地方。”

我与阿布拉莫维奇进行了沟通，他完全理解了我的处境。他再次展现了他的品格：一个伟大的人。在伦敦我已没有更多机会，是时候翻篇了。我接受了苏尔基斯的提议。

我坐上了时光机，回到了我的起点。虽然为没能给切尔西带来他们应得的成功而感到遗憾，这是他们签下我时期望的。这种遗憾让人痛苦。但在 2009/2010 赛季，我与基辅重逢了。那个迪纳摩，那个看着我成长，将我推向大舞台的城市。那些老地方、旧识的人们，和那些记忆中的感觉。那些美好的滋味，重新反映到我身上。克里斯汀和孩子们留在了英格兰，但他们经常来乌克兰看我。

突然之间，灵感迸发。

一次激动人心的、新旧交杂的伟大冒险开端。

教练是俄罗斯的瓦列里·加扎耶夫，作为球员是1980年奥运铜牌得主，还曾作为教练带领莫斯科中央陆军赢得过联盟杯。我立刻感受到了快乐，这感觉很美好，虽然身体上我还需要时间来恢复状态。我对整个环境都有很好的感觉，重新找回了受到重用和赏识的自豪感。一个活跃在所有场合的足球运动员，7号球衣，不是一个内在空洞的名字。一个周期正在闭合，热情很快回来了，我在对阵顿涅茨克金属工的联赛首轮就通过点球得分。最初一个月，我的身体，已经不习惯于某些节奏，从而感到有些吃力，但随着一场场比赛过去，我的腿逐渐恢复力量，头脑也开始重新飞翔。预言家存在于我的城市里，就像多年前一样。

药物。

触手可及的解决方案。

一个转折点。

一段童话故事。

从前有个舍甫琴科，现在他又回来了。接着是喀山鲁宾、巴塞罗那、国际米兰——那是我们的欧冠小组。那首直击心扉的主题曲，心有所属，我们只能听从它，盲目跟随。面对穆里尼奥执教的国际米兰，我们在圣西罗以2比2战平，而在主场，2009年11月4日，在比赛进行到21分钟时，我打入一球帮助我们取得领先。但在第86分钟，米利托扳平了比分，第89分钟斯内德将比分反超。不情愿地，我们成了这支球队提速之路上的见证者，赛季末，他们在马德里的伯纳乌举起了欧冠奖杯，决赛中击败了拜仁慕尼黑。我们在小组中排名第四，但我们自知已经奋力抗击，带着尊严，与未来的冠军对抗过。

我知道我还能再次带来改变。

那个曾在米兰城折磨过我的背部问题，时不时还会复发。有人建议我去看看拜仁慕尼黑和德国国家队的医生汉斯－威廉·穆勒－沃尔法特。我去见了他，我们进行了交谈，他给我做了检查。

“安德烈，如果你想继续踢球，我建议你每月来德国两次。”

由于比赛频繁，背部的压力因此增大。随后几个月里，我频繁访问慕尼黑的次数越来越多，达到了每月 5 次的频率。我成了一个为了屹立不倒而在梦魇中不再坠落的穿梭者。每次往返的飞行时间为 2 小时 15 分钟，但这一切都是值得的，因为场上的事情继续朝着正确的方向发展。我再次成为一名球员。

联赛中我们位列第二，仅次于顿涅茨克矿工队，这保证了我们在下一个赛季，即 2010/2011 赛季有资格参加欧冠资格赛。但在附加赛中，我们被阿贾克斯淘汰。随后，我们的欧战变成了欧联杯的赛场，这是一个难以预测的海洋，有时平静但经常风浪不断，尽管如此，最终我们还是表现得非常出色。

尽管在 10 月加扎耶夫因为输给摩尔多瓦的谢里夫 · 蒂拉斯波尔而辞职，这让我感到非常遗憾。我们进行了交谈，他的决定是不可撤销的。俱乐部的高层临时任命奥列格 · 卢兹尼为代理教练，直到 2010 年 12 月 24 日，尤里 · 谢明接任。总体来讲，正是在欧联杯比赛中，我们摆脱了困境，在 E 组以 1 分优势领先鲍里索夫名列第一。在淘汰赛阶段，我们在客场以 4 比 1 大胜贝西克塔斯（还是伊斯坦布尔的球队），在 1/8 决赛中淘汰了由罗伯托 · 曼奇尼执教、马里奥 · 巴洛特利效力的曼城队。在对阵布拉加队的 1/4 决赛首回合中，我因为小伤坐在替补席。

“你将在比赛中途上场。”

事实上，他确实在下半场派我替换了克拉维茨。我第 1 次受到黄牌警告，随后吃到了第 2 张，因为在裁判库伊珀斯因本方越位吹停比赛后我仍将球打进了，事实是我没有听到哨声，洛巴诺夫斯基球场简直是阴间地狱，充满了各种颜色，尤其是噪声。这是我职业生涯中的首次被罚下场。我们 1 比 1 打平，次回合我因停赛没有参加，比赛以 0 比 0 结束，布拉加凭借客场进球多的规则晋级半决赛。我们是一支很棒的球队，完全有能力一路走到最后。在联赛中，落后于顿涅茨克矿工屈居第二，他们在乌克兰杯决赛中也击败了我们。我以 32 场 16 球结束了当赛季，进球率重新变得高效。2011 年 7 月 5 日，我们对顿涅茨克矿工的复仇到来了，那天我们以 3 比 1 赢得了乌克兰超级杯，击败了我们的老对手。

到了 2011/2012 赛季，我回到基辅迪纳摩的第三个赛季，我的背部情况恶化了。有时候我一周要去德国见两次穆勒－沃尔法特医生。2011 年 9 月 29 日我满 35 岁，对一个前锋来说，这个年龄已经算是相当高了，但我仍感觉自己能以最佳状态应对比赛，随时准备每一次召唤。

我追逐着一个目标：在接下来的 6 月份，在乌克兰和波兰联合举行的欧洲杯上获得一个名额。我的身体时不时会有一些需要调整的小动作。警告性的震动，小的肌肉不适，短暂的伤病，然后是那持续的背痛。直到 3 月，我一直在挣扎中。

后来就不同了。

后来，我看到那个梦想越来越近，我和乌克兰，我在乌克兰，欧洲杯就在家里的后花园。我怀着希望，我渴望它，我追逐它。直到布洛欣公布了国家队名单，说到前锋时，他列出了五个名字：

安德烈·沃罗宁，来自莫斯科迪纳摩。

马尔科·德维奇，来自哈尔科夫金属工。

阿尔特姆·米列夫斯基，来自基辅迪纳摩。

叶夫根·塞莱兹尼奥夫，来自顿涅茨克矿工。

最后一个是我。安德烈·舍甫琴科，来自基辅迪纳摩。

一个依然活跃的球员。

第三十二章

退役

我感受到了从前那种快乐。

一个快要 36 岁的孩子。

一个梦想的队长。

一个即将迎来第 3 个孩子的准爸爸：克里斯汀又怀孕了。乔丹和克里斯蒂安将会有一个弟弟，亚历山大将在 10 月 1 日出生。

一个有着想法的足球运动员：如果这次欧洲杯顺利，我就到此结束。我会在我的人民面前优雅地退役，就像从自家的阳台上象征性地探出头来向人们挥手告别。

乌克兰被分到了与瑞典、法国和英格兰同一小组。因此，我的对手中有兹拉坦·伊布拉希莫维奇、卡里姆·本泽马和维恩·鲁尼等人。在我们的首场比赛 5 天前（6 月 11 日在基辅对阵瑞典），我的背部突然动弹不得，晨练之前就如刀割般疼痛。布洛欣很是担心。

“安德烈，你能做到吗？”

“不知道。我感觉好些了，但还是再等等吧？”

“好的，比赛当天你再给我答复。毫无疑问，对我来说你会首发，但在这种情况下决定权在你，没有人比你更了解自己的身体。”

距比赛还有 96 小时：痛。

距比赛还有 72 小时：好了一点。

距比赛还有 48 小时：痛感有所减轻，但仅是轻微。

在对决前一天，我在电话中对一个朋友说出了我的疑虑。

“我必须对自己诚实，我不能完全确信在这种情况下能否出场。而且，显然没有足够的时间去飞速赶到慕尼黑找穆勒－沃尔法特做个治疗。”

“安德烈，我认识一个人，一个小伙子，一个来自莫斯科的理疗师。”

“他手艺不错？”

“他是个人物，我相信他能帮助你，他叫亚历山大。”

“那就试试打电话给他吧。”

晚上八点，他就来到了我们在乌克兰的集训地。我之前从未见过他，我发现了一个能创造奇迹的人。他花了两个小时治疗我的肌肉，我带着轻微的不安去睡觉，醒来时感觉如新，背部和头脑里都有一种难以置信的轻松感。我不知道是怎么回事，也不知道为什么，但他真的消除了身体和精神上的双重负担。我感觉很好，真的非常好。我做了一次冲刺训练，然后接受了一些小的治疗。

“我完全准备好了。”

我这么对布洛欣说，几乎是喊出来的。

“太好了。加油乌克兰。”

我准备得非常充分，以至于那个晚上我们以 2 比 1 击败了瑞典，我打入了两球。没有了负担，我仿佛在场上飞翔。伊布拉希莫维奇曾经暂时帮助对手取得了领先，然后就是我的爆发了。我的第一个进球是一个头球冲顶，飞行中带着魔法。第二个进球，也是用头，而且是在伊布拉希莫维奇的严密盯防下完成的。脚踏实地，超越情感的界限。座无虚席的球场，那些自豪的人们，那些带着传染性的颤抖，我将永远珍藏在心中。在场上的我们是乌克兰，看台上的他们是乌克兰。两者一起，我们以乌克兰的名义赢得了胜利。这是一种难以抑制的情感，一种溢出的自豪感。

许多报纸将这场比赛描绘成我与瑞典队长——也就是舍甫琴科和伊布拉希莫维奇之间的个人恩怨，但他们错了。多亏了布洛欣，我们有了不同的看法。如果单打独斗，就不能将力量全部聚集在一起，事实上我们表现得像一个团队。那仍是我一生中最美丽、最紧张的夜晚之一。这是一种最终可以进入国家队历史的战斗口号。当我想到一个伟大的决赛时，我脑海中浮现的就是这样的场景。

幸福的泪水。

尊严和泪水。

在最后几米路程上的泪水。

对阵法国的第二场比赛，我们移师到顿涅茨克。对手更强，他们以 2 比 0 获胜，我的膝盖受到了一次撞击，因此在对阵英格兰的第三场比赛中我只在下半场登场。我们以 0 比 1 败北，德维奇的一个合法进球未被看到，球已经越过了门线，但当时还没有必要的技术来确认这一点。

我们就这样出局了，在全体观众起立的情况下离开球场的。我在“起立鼓掌”的仪式中结束了我的职业生涯，尽管那时我还没有做出最终决定。

我的迪纳摩俱乐部合同刚刚到期，尽管在欧洲杯之前苏尔基斯已经向我提出了续约。中国方面对我有意，美国也有人联系我。我按计划进行了膝盖清洗手术。之后我出发去度假了，在旅途中，我在脑海中回顾了自己的人生历程。

我想到了很多我与国家队之间的关系，这是一种永远不会结束的触动。那件球衣对我来说是特别的，独一无二的。它带给我持续的战栗，本能和情感，对我和他人都是一种责任。我很早就开始穿着它，从我还是个青年开始，当时它对我来说还很大，穿起来非常宽松。我记得我第一次代表乌克兰出场，我们乌克兰青年军对阵荷兰青年军，其中有一个非常令人着迷的球员，他叫克拉伦斯·西多夫，我觉得他会变得非常强大。并且，有一天，我希望能和他一起训练。

长大后，我们在 AC 米兰成了队友。在那短短的一个赛季里，因为我还很年轻，我还曾同时代表三支不同年龄段的国家队：适合我的年龄段的，以及其他两支更成熟的队伍。我参加了 2006 年德国世界杯，以及 2012 年乌克兰和波兰欧洲杯，但失败也是这段激动人心故事的一部分。

1998 年法国世界杯前对阵克罗地亚的附加赛。

2000 年比利时、荷兰欧洲杯前对阵斯洛文尼亚的附加赛。

2002 年韩国、日本世界杯前对阵德国的附加赛。

2010 年南非世界杯前对阵希腊的附加赛。

我们是逐渐成长起来的。我们从未像意大利、法国、英格兰或德国那样，足球是一个重要且稳固的产业。乌克兰不能总是期望轻易获得晋级资格，但我们必须每次都尽力尝试。人生提出的挑战都应该去面对。我的职业生涯经历过高潮和低谷，但我从未畏惧失败。真正的失败是不去尝试，拒绝尝试。

而且，尝试的时机选择也至关重要。2012 年 11 月，就在我退役几个月后，乌克兰足球协会主席阿纳托利·孔科夫（他曾在青年梯队执教过我，并让我在成年队首次亮相）向我提出了执教国家队的邀请，我很感激他，但我拒绝了。我觉得自己还没准备好，这样做也不公平。我需要时间来准备，去理解，去学习。在没有团队，没有明确的比赛理念和清晰、毋庸置疑的计划情况下，我无法承担这样神圣的角色。我给自己留了时间，也尝试做了其他事情。

我在 2014 年 4 月 6 日第四次成了父亲，莱德出生了。

最终，足球的召唤比任何事都强烈。那个我从小就选择了的足球，我们是不可分割的。从始至终，我们都将如此。因此，在2016年2月16日，我接受了与技术主管米哈伊洛·福缅科合作的角色，7月份我成了他的继任者。

那一年，我失去了我的父亲，我非常想念他。

我爱（并且仍然爱着）乌克兰。

我爱（并且仍然爱着）基辅迪纳摩。

我爱（并且仍然爱着）AC米兰。

我爱（并且仍然爱着）切尔西。

在2012年欧洲杯之后，我和妻子在安提瓜的海滩上散步。周围的大海让我放松，我发觉我可以跟内心的自己和平相处。我们停下脚步，我握住了她的手。

“克里斯汀，我觉得我应该停止踢球了。如果我继续前行，还能追寻什么来超越我已经拥有的呢？就在这结束吧，就在这完美的时刻。”

我闭上了眼睛，给了她一个吻。

我们笑了。

后记

安德烈·舍甫琴科是我多年的朋友，一个我立刻就感到与之有着相同视野和秉性的人。

我认识他时，他是AC米兰的一名球员，就像其他队员一样，是我时装秀的嘉宾。后来，我发现他是一个经历过许多苦难、有着非凡谦逊和自觉性并具备伟大球星品质的人，无数奖项等身。

安德烈具有可靠而迷人的个性：极端热情、真挚，同时又是体育界的标志性人物和爱家的好男人。

有一次，我让他在一场乔治·阿玛尼时装秀压轴登场，他虽然没有模特的从容，但他的气场迷住了在场所有的人。

打动你的是他身上的神秘气质，温柔与力量的结合，对我来说是现代男性的突出品质。他的故事也刻在了他的身体上，多年的训练塑造了他独特的面容中反差的和谐。后来发现我们也有相似的着装理念，更喜欢优雅而非炫耀，注重适度而非过度。

名声从未影响他的谨慎，我最敬佩的品质是他的力量展现为细致，细致又转变成力量。如今，人们经常谈论进化的男性气质，往往以一种过分、几乎滑稽的方式来表现。而舍甫琴科使之具象化，始终如此，不费力地展现着男子气概。他是一个标志性人物，但从未自视如此，这令他尤为特别。

——乔治·阿玛尼

鸣谢

谢谢安德烈，一个诚实、透明和温柔的人。能成为你的朋友是一种荣幸。写这本书对我俩来说都不容易，但我认为这是我人生旅程中有教育意义的一步：再一次，我理解了你对你所做的事情以及对你身边人的幸福的重视，甚至超过了对自己的。我爱你。

感谢埃莱奥诺拉，感谢你的时间（我也爱你，甚至比爱安德烈还多）。

感谢菲奥伦佐，因为你提前阅读了这本书。我学会了不轻易信任，只信任少数人。我学会了对你盲目信任。你从未让我感到孤单，哪怕一秒钟。

谢谢多纳托，感谢你给予我的持续支持。一如既往。

感谢安德雷，你是完美的向导。你带我探索了今日乌克兰和昨日的苏联，从未让我迷路。

感谢保罗，精准诠释了你的号码，完美的 3 号。

感谢兹沃内，你是道德正直和独立思考的典范。当我写作和思考时，我会问自己：他会写什么？他会怎么想？

感谢雷佐，感谢你抽出的时间和你的耐心。你是一个充满轶事和故事的宝库。你指导这本书的方式就像你指导基辅迪纳摩一样。我很幸运。

感谢马西莫，也叫安布罗西尼。我用电话、WhatsApp 消息、突如其来的语音甚至是短信打扰了你，我以为短信甚至已经不复存在了。你总是言无不答，即使是在森皮奥内公园或佩萨罗海滩上跑步时。

感谢亚历山德罗，称作比利。就像和马西莫一样，有一段时间我成了你的追踪者，提出了一些不可能的问题。你从未答错过，从未。

感谢卡尔洛，一切都是因为你而开始。

感谢若泽，零冠的反义词。

感谢德梅特里奥，感谢启发。

感谢乔治·阿玛尼，为那篇演讲稿，国王般的演讲。

感谢阿努什卡，我通过你的声音打扰了国王。

感谢莱奥，因为你的彬彬有礼。

感谢另一个莱奥，我向你询问了一些最荒唐的事情，然后你明白了为什么。你话虽然少，但你总是给我启迪。偶尔在巴黎聊聊天是值得的。

感谢阿德里亚诺，直接发自心底的话语。

感谢阿里耶多，你为许多看似松散、在我脑海中飘荡的细节赋予了意义。

感谢安娜，因为你总是直言不讳，正如你的所思所感。

感谢恩里科，一个甚至能说出“是”的新闻官。你是你父亲的儿子，这一点很明显。

感谢达尼埃莱，为我讲述了米兰实验室的故事（和其他事情）。

感谢马泰奥，感谢你的建议。你是我最喜欢的博洛尼亚人，一个高品质的博洛尼亚人。这可能成为你的故事之一。

感谢鲁迪，因为在这本书中也有你的一部分。在医学问题上，我会打电话给你，我知道可以放心。更准确地说，我总是可以放心。你是一个好人，每次都证明了这一点。

感谢马西米利亚诺，我从你那里偷取了宝贵的时间，在你必须投入给曼城的时间中，你仍然回答：“我在。”我感觉自己是佩普，哪怕只是一瞬间。

感谢斯特凡诺，因为你深入米兰内洛的秘密档案。

感谢翁贝托，因为你重建了那次飞行的座位图。去的时候是你们所有人，回来的时候你们不得不为金球奖腾出位置。

感谢维托里奥，理由同翁贝托。

感谢卢卡，记者兼朋友，感谢你关于队长袖标的提示。迟早，我们会在利古里亚再次见面。

感谢另一个卢卡，不是记者但是朋友。你继续信任我（从卡尔洛那时起）。你轻信了我。

感谢安东内拉，因为你宝贵的工作配合。

感谢朱塞佩。

感谢我的科维尔恰诺的朋友们。他们用力（也许还有诡计）把我们分开，但我知道我们还会再次拥抱。

感谢埃利萨贝塔，再次让我住进你那美丽的家。

——亚历山德罗·阿尔恰托

作者简介

安德烈·舍甫琴科（Andriy Shevchenko），又名舍瓦，乌克兰传奇足球运动员，在场上司职前锋。他的职业生涯起步于基辅迪纳摩，后加盟 AC 米兰，成为球队核心，8 年红黑生涯里，他为 AC 米兰贡献了 175 粒进球和 45 次助攻，个人斩获 2004 年金球奖和 2005 年金足奖。他于 2012 年 7 月 28 日退役，2016 年 7 月开始执掌乌克兰国家队教鞭，现任乌克兰足协主席。

亚历山德罗·阿尔恰托（Alessandro Alciato），意大利媒体天空体育记者，曾为足球名帅卡尔洛·安切洛蒂、意大利球星德尔·皮耶罗、安德烈亚·皮尔洛等人合著自传。

译者简介

小　五　体坛传媒驻意大利记者，意甲赛事的资深观察者。长期扎根意大利足球一线，对意甲各俱乐部的动态、球员状况了如指掌。与前方俱乐部、媒体、经纪人保持良好关系。善于在报道中精准捕捉关键信息，是球迷获得意甲消息的重要渠道之一。

沈天浩　体坛传媒驻意大利记者，常年跟队报道 AC 米兰，熟稔亚平宁足球历史，对意大利及欧洲文化有深入观察。凭借评论作品《团结的欧洲杯，不团结的欧洲》，荣获国际体育记者协会（AIPS）2024 年度文字类最佳专栏奖，成为首位获得该奖项的中国媒体人。